MützenMania

MEINE LIEBLINGSMÜTZEN
UND BEANIES –
GEHÄKELT UND GESTRICKT

PETRA PERLE

ANMERKUNGEN ZU DIESEM BUCH

Alle Mützen sind für einen durchschnittlichen Kopfumfang von 55–58 cm entworfen, können aber problemlos an andere Kopfgrößen angepasst werden. Am einfachsten ist es, eine etwas dickere oder dünnere Häkelnadel zu verwenden. Bei den meisten Modellen kannst du aber auch einige Zunahmerunden mehr oder weniger arbeiten oder die Mütze durch zusätzliche Runden verlängern.

Dass du die Grundmaschen im Stricken und Häkeln beherrschst, nehme ich an. Aber einige möglicherweise weniger geläufige Techniken, zum Beispiel der magische Fadenring oder die Reliefstäbchen, sind zum Nachschlagen auf Seite 114 erklärt.

Die Mützen habe ich mit voluminösen Schurwoll- oder Wollmischgarnen von ONline mit einer Lauflänge von 70–90 m je 50-g-Knäuel gearbeitet. Eine detaillierte Aufstellung der verwendeten Originalgarne findest du auf Seite 124 Wenn du andere Garne verwenden willst, solltest du auf eine vergleichbare Materialzusammensetzung und Lauflänge achten.

Wenn du nun Spaß daran hast, meine Modelle nachzuarbeiten, dann hab auch keine Angst davor, eigene Ideen mit einfließen zu lassen. Ob du eine andere Farbe wählst oder eine Mütze vielleicht größer, kleiner, länger arbeiten willst ... probiere es einfach aus. Und wenn etwas nicht auf Anhieb gelingt, dann trenne unverdrossen auf und fang noch mal von vorne an. Jede Arbeit bringt dich in deinen Erfahrungen weiter. Ich sage immer zu meinen Schülern: Gönne dir selbst ein Übungsstück. Wenn das erste Teil nicht hundertprozentig deinen Vorstellungen entspricht, gefällt es vielleicht einer Freundin, und du hast ein schönes Geschenk für sie. Schlag die Maschen für das gleiche Projekt neu an – mit den Erfahrungen des ersten Versuchs gerät das zweite Teil schon viel besser. Auch ich habe bei der Arbeit an diesem Buch manche Mütze bis zu viermal gehäkelt oder gestrickt, bis sie meinen Vorstellungen entsprach. Glaub mir: Der Beschenkte freut sich und sieht den Fehler nicht, der dich so ärgert (falls du nicht mit der Nase darauf stößt).

Ich betrachte meine Fehler inzwischen immer mehr als meine Freunde, denn sie zeigen mir oft einen neuen Weg. So manch ein schönes Muster oder eine lustige Idee ist durch einen Fehler entstanden. Das gilt übrigens auch für mein Leben neben der Handarbeit!

Ein Verzeichnis der in den Anleitungen und Häkelschriften verwendeten Abkürzungen und Symbole findest du auf Seite 125.

Inhalt

Vorwort	**05**
EINFACHE HÄKELMÜTZE	**06**
Grundmodell Fanny	08
Mütze Bommelfanny mit Schluckaufloop	10
Mütze Schneekönigin	12
Mütze und Kragen Dornröschen	14
Mütze Schleifenfanny	18
MODELL VINTAGE-BADEKAPPE	**20**
Grundmodell Lola	22
Mütze Lola mit Kaiserkragen	24
Mütze Schneeflöckchen	26
Mütze Hollywood	27
KLASSIKER MIT BÜNDCHEN	**28**
Grundmodell Helene	30
Mütze Anemone	32
Trachtenmütze Edelweiß	34
Mütze Heckenrose	36
Kaiserkrone	38
PILLBOX MADAME	**40**
Grundmodell Madame	42
Mütze Blütenstern mit Kragen	44
Mütze Elfengleich mit Kragen	47
Mütze Tricolore mit Blüten	50
Zylinder Papillon	52
BASKENMÜTZE – TRADITIONELL UND TRENDY	**54**
Grundmodell Katja	56
Baskenmütze Spinnennetz	58
Baskenmütze Kuba	62
Baskenmütze Mascherl	64
Baskenmütze Angelika	66
STRICKMÜTZE HELMI – EIN VIELSEITIGES MODELL	**68**
Grundmodell Helmi	70
Mütze Bardane	71
Mütze Herzdame	72
Mütze Herzzopf	74
Mütze Muschelbogen	75
Mütze Aquarius mit Schluckaufloop	76
Mütze Frida	78
COOLE BEANIES	**80**
Grundmodell Schatzi	82
Beanie Anschi	84
Abendbeanie Gloria	87
Beanie Winterzauber	88
Beanie Sommertraum	90
MÜTZEN & MEHR	**92**
Mütze Timetunnel	94
Stulpen Timetunnel	97
Rüschenmütze Volant	98
Handstulpen Kaleidoskop	100
Mütze Irokese	102
Mütze Irokese mit Schluckaufloop	106
Kragen Angelika	108
Stirnband Krone	110
EXTRAS: TECHNIKEN & ZIERELEMENTE	**112**
Techniken	114
Zierelemente	115
Garne	124
Abkürzung & Zeichenerklärung	125
Autorin, Danksagung, Register	**126**
Impressum	**128**

Vorwort

Liebe Wolleliebhaberin,
lieber Handarbeitsfreund,

vielen Dank für dein Interesse an meinem zweiten Anleitungsbuch „MützenMania". Falls du bereits mein erstes Werk „GrannyMania" besitzt, wird dich dieses Buch zu vielen neuen Projekten inspirieren. Du wirst hier das ein oder andere bekannte Muster wiederentdecken, das ich aufnehme, verändere und neu variiere. Das Schöne am Handarbeiten ist ja, dass alles ineinandergreift. Oft denke ich mir genau das, wenn ich an meinen Anleitungen feile und mich dazu aus einem reichhaltigen Topf voller Wissen und Erfahrung bediene. Neue Ideen entstehen während des Arbeitens ganz von allein. Kaum probiere ich etwas aus, schon fallen mir unzählige Möglichkeiten ein, wie es auch noch gehen oder schön aussehen könnte.

In diesem Buch findest du sechs Grundmodelle und deren Variationsmöglichkeiten. Natürlich kann ich längst nicht alles zeigen, was damit möglich wäre. Aber darum geht es ja auch gar nicht. Was ich erreichen möchte, ist vielmehr, dass auch du deiner Phantasie freien Lauf lässt und dir selbst weitere Abwandlungen überlegst. Gerne kannst du diese persönlichen Ergebnisse in meiner Facebook-Gruppe posten, die du unter „Petra Perles HOT WOLLE" findest. Dort freuen sich viele leidenschaftliche Handarbeitsfans auf regen Austausch und spannende Impulse.

Der schönste Lohn ist für mich natürlich, wenn dir meine Modelle gefallen, wenn sie dich hervorragend kleiden, wenn deine Arbeiten als Geschenke Lob und Anklang finden. Vielleicht darf ich ja auch mal das ein oder andere Modell an mir vorbeihuschen sehen? Oder du besuchst mich in meinem Wollparadies im Herzen Münchens und zeigst mir deine Ergebnisse vor Ort? Wie auch immer: Ich freue mich über jede Rückmeldung und hoffe, dass dir die Arbeit mit diesem Buch genauso viel Spaß macht, wie mir die Arbeit daran Spaß gemacht hat.

Wenn wir selbst schöpferisch aktiv sind und mit unseren eigenen Händen diese wolligen kleinen Kunstwerke erschaffen, dann macht uns das doch einfach nur glücklich! In diesem Sinne wünsche ich dir viele schöne Stunden mit diesem Buch und den Inspirationen, die nur darauf warten, was du aus ihnen machst.

Möge die Macht der Nadeln und der Wolle mit dir sein!

**Mit wolligen Grüßen
Petra Perle**

Einfache Häkelmütze

WENN DU DENKST, ES GEHT NICHT MEHR, KOMMT IRGENDWO EIN GARNKNÄUEL HER.

Grundmodell
Fanny

Los geht's mit dem Modell Fanny, einer ganz einfachen Mütze, die sich aber vielfältig und phantasievoll variieren lässt.

EINFACHE HÄKELMÜTZE | GRUNDMODELL FANNY | SCHWIERIGKEITSGRAD: *

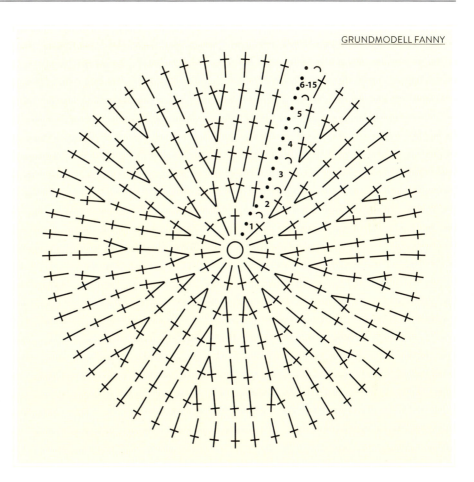

GRUNDMODELL FANNY

MATERIAL
- Woll- oder Wollmischgarn (LL 70–80 m/50 g) in Weinrot, 100 g
- Häkelnadel 4–5 mm
- Wollnadel

ANLEITUNG
Mit einem magischen Fadenring beginnen und häkeln wie folgt (siehe auch Häkelschrift):

1. Runde: 3 Lm (für das 1. Stb), 14 Stb in den Fadenring, die Rd mit 1 Km in die oberste der 3 Anfangs-Lm schließen (= 15 M).

2. Runde: 3 Lm (für das 1. Stb), 1 Stb in die M an der Basis der 3 Anfangs-Lm, 2 Lm in jedes folg Stb der Vorrd, die Rd mit 1 Km in die oberste der 3 Anfangs-Lm schließen (= 30 M).

3. Runde: 3 Lm (für das 1. Stb), * je 1 Stb in die nächsten 3 Stb, 2 Stb ins folg Stb; ab * fortlfd wdh, mit 1 Stb ins letzte Stb der Vorrd enden, die Rd mit 1 Km in die oberste der 3 Anfangs-Lm schließen (= 37 M).

4. Runde: 3 Lm (für das 1. Stb), * je 1 Stb in die nächsten 3 Stb, 2 Stb ins folg Stb; ab * fortlfd wdh bis Rd-Ende, die Rd mit 1 Km in die oberste der 3 Anfangs-Lm schließen (= 46 M).

5. Runde: Wie die 3. Rd häkeln (= 57 M).

Wenn die Mütze weiter werden soll, die 3. Rd noch 1 x wdh, also jedes 4. Stb verdoppeln. Am besten probierst du die Passform aus, indem du dir (oder der künftigen Trägerin/dem künftigen Träger der Mütze) die Häkelarbeit auf den Kopf legst und prüfst, ob die Weite ausreicht. Das hängt nicht nur von der individuellen Kopfgröße ab, sondern auch davon, ob du eher fest oder locker häkelst.

Nächste Runde: 3 Lm (für das 1. Stb), 1 Stb in jedes folg Stb der Vorrd, die Rd mit 1 Km in die oberste der 3 Anfangs-Lm schließen. Diese Rd noch 6–7 x wdh, bis die gewünschte Mützenhöhe erreicht ist.

Den Faden abschneiden und sichern. Die Fadenenden vernähen.

Petra Perles Tipps

Wenn du für dieses Modell ein Baumwollgarn, ein Baumwollbändchengarn oder ein Mischgarn mit Leinen- oder Seidenanteil verwendest, wird eine phantastische Sommermütze daraus. Probier die Mütze auf jeden Fall nach der 5. Runde an und häkle bei Bedarf noch eine oder zwei Zunahmerunden mehr, damit die Mütze passt.

Hättest du das Grundmodell Fanny wiedererkannt? Verspielte Details wie Stickereien, aufgenähte Perlmuttknöpfe und ein „Diadem" aus blauen Bommeln verändern die Optik komplett. Dazu passt der „Schluckaufloop" aus einem raffiniert zusammengenähten Rechteck.

EINFACHE HÄKELMÜTZE | BOMMELFANNY MIT SCHLUCKAUFLOOP | SCHWIERIGKEITSGRAD: ✶✶

MATERIAL
- Woll- oder Wollmischgarn (LL 70–80 m/50 g):
  Für die Mütze: in Gelb, 100 g, in Blau, 50 g, sowie Reste in beliebigen Farben
  Für den Schluckaufloop: in Gelb, 150 g, in Schwarz, 50 g
- Häkelnadel 4–5 mm
- Stricknadeln 5 mm
- 20 Perlmuttknöpfe
- Nähgarn, farblich passend
- Nähnadel und Wollnadel

ANLEITUNG
MÜTZE
Mit einem magischen Fadenring in Gelb beginnen und häkeln wie folgt (siehe auch Häkelschrift):
1.–11. Runde: Wie das Grundmodell Fanny häkeln (siehe Seite 8). Bei Bedarf 1–2 weitere Stb-Rd arb. Mit 1 Rd fM enden. Den Faden abschneiden und sichern. Die Fadenenden vernähen. Die Mütze mit Garnresten nach Belieben besticken und die Perlmuttknöpfe auf die gestickte Bordüre aufnähen (siehe Foto). Aus blauem Garn 9 Bommeln anfertigen (siehe Tipp auf Seite 123) und halbkreisförmig auf die Mütze nähen.

SCHLUCKAUFLOOP
44 M in Gelb mit Strickd 5 mm anschl und im Schachbrettmuster str wie folgt:
1. und 2. Reihe: * 2 M re, 2 M li; ab * fortlfd wdh bis R-Ende.
3. und 4. Reihe: * 2 M li, 2 M re; ab * fortlfd wdh bis R-Ende.
Die 1.–4. R stets wdh bis zu einer Gesamthöhe von 60 cm. Alle M mustergemäß abk. Die Fadenenden vernähen.

Das gestrickte Rechteck flach ausbreiten. Die rechte obere und die linke untere Ecke zur Mitte einschlagen und die Kanten auf einer Länge von 10–15 cm mit einer flachen Naht verbinden (siehe Grafik).
Eine Spitze nach unten klappen und beide Kanten des Loops mit 2 Rd Stb in Schwarz umhäkeln. Achte darauf, dass diese Umrandung auch von der linken Seite ansehnlich ist! 8 kleine Bommeln aus gelbem Garn anfertigen und rund um eine Loop-Spitze nähen.

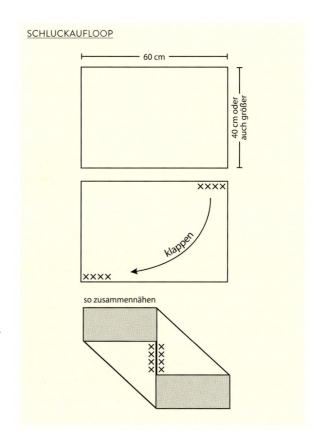

Petra Perles Tipps

Dem Loop habe ich wegen seiner Konstruktionsweise den Namen Schluckaufloop gegeben. Du kannst ihn stricken wie hier beschrieben, aber auch in jedem anderen Strick- oder Häkelmuster, aus dickem oder dünnem Garn – ganz nach Belieben.

Schneekönigin

Rüschen, eine Blüte, Picots und Glitzersteinchen verleihen dieser Variante des Grundmodells Fanny eine besonders feminine Note. Damit bist du auf der Piste garantiert die Schneekönigin.

EINFACHE HÄKELMÜTZE | SCHNEEKÖNIGIN | SCHWIERIGKEITSGRAD: ★★

MATERIAL
- Woll- oder Wollmischgarn (LL 70–80 m/50 g) in Weiß, 150 g
- Häkelnadel 4–5 mm
- Glitzersteine zum Aufkleben oder Aufnähen
- Textilkleber (optional)
- Nähgarn in Weiß und Nähnadel (optional)
- Wollnadel

ANLEITUNG
MÜTZE
Mit einem magischen Fadenring in Weiß beginnen und häkeln wie folgt (siehe auch Häkelschrift):
1.–12. Runde: Wie das Grundmodell Fanny häkeln (siehe Seite 8).
13. Runde: 1 Lm, 1 fM in jede M der Vorrd häkeln. Den Faden abschneiden und sichern. Die Fadenenden vernähen.

RÜSCHENBORTE
Zunächst ein Gitter häkeln, in das die Rüschen aus 5-Stb-Gruppen eingearbeitet werden:
44 Lm in Weiß anschl.

1. Reihe: 1 Stb in die 36. Lm arb, * 2 Lm der Anschlag-R mit 2 Lm übergehen, 1 Stb in die 3. folg Lm; ab * fortlfd wdh bis R-Ende.
2. Reihe: 5 Lm (für 1 Stb + 2 Lm), 1 Stb in die 3. Lm der Vorr, * 2 Lm der Anschlag-R mit 2 Lm übergehen, 1 Stb in die 3. folg Lm; ab * fortlfd wdh bis R-Ende, das letzte Stb in die 3. Lm am Beginn der Vorr arb.
3. Reihe: Wie die 2. R häkeln. Den Faden abschneiden und sichern. Den Faden mit 1 fM am letzten Stb der 1. R anschlingen, [2 fM, 2 hStb, 10 Stb] in die 1. Ecke, dann für die Rüschen in Schlangenlinien weiterhäkeln – mäandern – wie folgt: * 5 Stb um den Stiel des nächsten Stb, 5 Stb um den nächsten 2-Lm-Bogen *; von * bis * fortlfd wdh bis zum letzten Gitterkaro der Längsseite, 5 Stb um den Stiel des letzten Stb, [10 Stb, 2 hStb, 3 fM] in die Ecke, 3 fM um den Stiel des nächsten Stb an der Schmalseite des Gitternetzes, [3 fM, 2 hStb, 10 Stb] in die nächste Ecke; von * bis * fortlfd wdh bis zum letzten Gitterkaro der Längsseite, 5 Stb um das vorletzte Stb, [10 Stb, 2 hStb, 3 fM] in die Ecke, 3 fM um den Lm-Bogen an der Kante der Schmalseite, dann von * bis * über die Gitterkaros der 2. R des Netzes (= mittlere R) wdh, enden mit 5 Stb um das vorletzte Stb der R. Die Rüschenborte auf die Mütze nähen.

BLÜTE
Die Blüte mit einem magischen Fadenring beginnen und häkeln wie folgt (siehe auch Häkelschrift Seite 117):
1. Runde: 10 fM in den Fadenring, die Rd mit 1 Km in die 1. fM schließen.
2. Runde: Mit 4 Lm 1 fM der Vorrd übergehen, 1 fM in die nächste fM, * mit 3 Lm 1 fM der Vorrd übergehen, 1 fM in die nächste fM; ab * noch 3 x wdh, statt der letzten fM 1 Km in die 1. der 4 Anfangs-Lm arb.
3. Runde: [1 fM, 6 Stb, 1 fM] in den 4-Lm-Bogen am Beginn der Vorrd und in jeden folg 3-Lm-Bogen, die Rd mit 1 Km in die 1. fM schließen.
In der folg Rd werden die Stege für die untere Lage Blütenblätter angelegt. Die Blüte umdrehen und auf der Rückseite arb wie folgt:
4. Runde: 1 fM zwischen die 2 fM vom Rd-Beginn und Rd-Ende der Vorrd, 5 Lm, *1 fM zwischen die nächsten 2 fM, 5 Lm; ab * noch 3 x wdh, die Rd mit 1 Km in die 1. fM schließen.
Die Blüte wieder umdrehen und in die Lm-Bogen der Vorrd häkeln wie folgt:
5. Runde: [1 fM, 6 Stb, 3 Lm, 1 Km in die 1. dieser 3 Lm (= 1 Picot), 5 Stb, 1 fM] in jeden 5-Lm-Bogen der Vorrd, die Rd mit 1 Km in die 1. fM schließen.
Den Faden abschneiden und sichern. Die Fadenenden vernähen.

Die Blüte auf die Mütze nähen. Zusätzlich Glitzersteinchen aufnähen oder mit Textilkleber aufkleben.

RÜSCHEN FÜR DIE SCHNEEKÖNIGIN

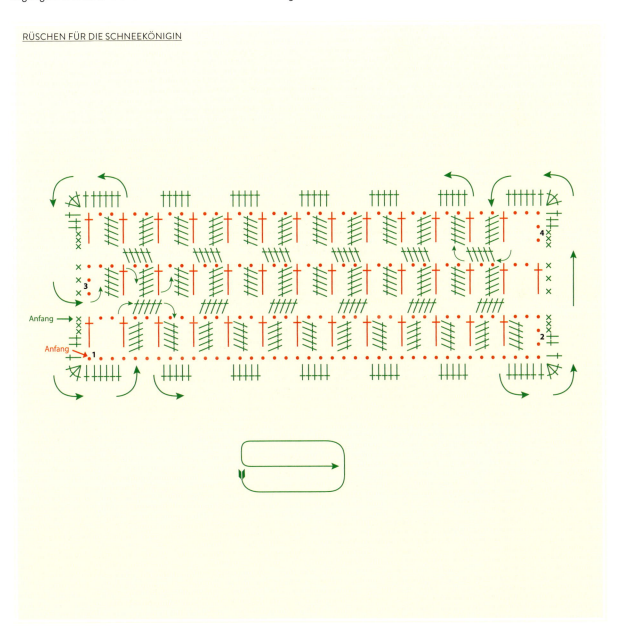

Dornröschen mit passendem Kragen

Die romantisch verzierte Mütze mit passendem Kragen sieht an kleinen und großen Mädchen allerliebst aus. Mit Baumwollgarn wird daraus ein entzückendes Sommermodell.

EINFACHE HÄKELMÜTZE | DORNRÖSCHEN MIT PASSENDEM KRAGEN | SCHWIERIGKEITSGRAD: * *

MATERIAL
- Woll- oder Wollmischgarn (LL 70–80 m/50 g)
  Für die Mütze: in Rosa, 100 g, sowie in Grün und Pink, je 50 g
  Für den Kragen: in Rosa, 150 g, sowie in Grün und Pink, je 50 g oder Reste von der Mütze
- Häkelnadel 4–5 mm
- Wollnadel

ANLEITUNG
MÜTZE
Mit einem magischen Fadenring in Rosa beginnen und häkeln wie folgt (siehe auch Häkelschrift):
1.–12. Runde: Wie das Grundmodell Fanny häkeln (siehe Seite 08).
Den Faden in Rosa abschneiden und sichern. Den grünen Faden anschlingen.
13. Runde (Grün): 2 Lm (für das 1. hStb), je 1 hStb in die 2. und jede folg M der Vorrd, die Rd mit 1 Km in die obere der 2 Anfangs-Lm schließen.
Den Faden in Grün abschneiden und sichern. Den Faden in Pink anschlingen.
14. Runde (Pink): 1 Lm, * je 1 fM in die nächsten 3 M, 2 Lm, 1 Km in die 1. dieser 2 Lm (= 1 Picot); ab * fortlfd wdh bis Rd-Ende, die Rd mit 1 Km in die 1. fM schließen.
Den Faden abschneiden und sichern. Alle Fadenenden vernähen.

BLÜTEN
In Grün und Rosa 5 x die Blüte 2 (siehe Seite 117) anfertigen, als Streifen auf die Mütze stecken und annähen.

KRAGEN
70 Lm sehr locker anschl. (Mein Tipp: Nimm für den Lm-Anschlag eine etwas dickere Häkelnd.) Die Lm-Kette mit 1 Km in die 1. Lm zum Ring schließen.
1. Runde: 3 Lm (für das 1. Stb), je 1 Stb in die 4. Lm von der Häkelnd aus und in jede folg Lm bis Rd-Ende, die Rd mit 1 Km in die oberste der 3 Anfangs-Lm schließen (= 70 M).
Nun in RStb weiterhäkeln (siehe Seite 114):
2. Runde: 3 Lm (für das 1. Stb), * 1 RStbv um den Stiel des nächsten Stb der Vorrd, 1 RStbh um den Stiel des folg Stb; ab * fortlfd wdh bis Rd-Ende, die Rd mit 1 Km in die oberste der 3 Anfangs-Lm schließen.

Die 2. Rd beliebig oft wdh, bis der Kragen die gewünschte Höhe hat. (Bei meinem Kragen sind es 6 Rd.)
Nächste Runde: 3 Lm (für das 1. Stb), 1 Stb in jedes Stb der Vorrd, die Rd mit 1 Km in die oberste der 3 Anfangs-Lm schließen.
Nächste Runde (1. Zun-Rd): 3 Lm (für das 1. Stb), je 1 Stb in die nächsten 5 Stb, 2 Stb ins folg Stb, * je 1 Stb in die nächsten 6 Stb, 2 Stb ins folg Stb; ab * fortlfd wdh bis Rd-Ende, die Rd mit 1 Km in die oberste der 3 Anfangs-Lm schließen (= 80 M).
Nächste Runde (2. Zun-Rd): 3 Lm (für das 1. Stb), je 1 Stb in die nächsten 6 Stb, 2 Stb ins folg Stb, * je 1 Stb in die nächsten 7 Stb, 2 Stb ins folg Stb; ab * fortlfd wdh bis Rd-Ende, die Rd mit 1 Km in die oberste der 3 Anfangs-Lm schließen (= 90 M).
Nächste Runde (3. Zun-Rd): 3 Lm (für das 1. Stb), je 1 Stb in die nächsten 7 Stb, 2 Stb ins folg Stb, * je 1 Stb in die nächsten 8 Stb, 2 Stb ins folg Stb; ab * fortlfd wdh bis Rd-Ende, die Rd mit 1 Km in die oberste der 3 Anfangs-Lm schließen (= 100 M).
Nächste Runde (4. Zun-Rd): 3 Lm (für das 1. Stb), je 1 Stb in die nächsten 8 Stb, 2 Stb ins folg Stb, * je 1 Stb in die nächsten 9 Stb, 2 Stb ins folg Stb; ab * fortlfd wdh bis Rd-Ende, die Rd mit 1 Km in die oberste der 3 Anfangs-Lm schließen (= 110 M).
Nächste Runde (5. Zun-Rd): 3 Lm (für das 1. Stb), je 1 Stb in die nächsten 9 Stb, 2 Stb ins folg Stb, * je 1 Stb in die nächsten 10 Stb, 2 Stb ins folg Stb; ab * fortlfd wdh bis Rd-Ende, die Rd mit 1 Km in die oberste der 3 Anfangs-Lm schließen (= 120 M).
Nächste Runde (6. Zun-Rd): 3 Lm (für das 1. Stb), je 1 Stb in die nächsten 10 Stb, 2 Stb ins folg Stb, * je 1 Stb in die nächsten 11 Stb, 2 Stb ins folg Stb; ab * fortlfd wdh bis Rd-Ende, die Rd mit 1 Km in die oberste der 3 Anfangs-Lm schließen (= 130 M).
Der Kragen sollte jetzt weit genug sein. Andernfalls häkelst du nach demselben Prinzip noch 1 weitere Rd, in der du jede 13. Masche verdoppelst.
Den Faden in Rosa abschneiden und sichern.

Für die Abschlusskante den grünen Faden mit 1 fM an einer M der letzten Rd anschlingen und häkeln wie folgt (siehe auch Häkelschrift):
1. Runde (Grün): 2 M der Vorrd übergehen, {1 Stb, 4 x [2 Lm, 1 Stb]} in die nächste M, 2 M übergehen, * 1 fM in die folg M, 2 M der Vorrd übergehen, {1 Stb, 4 x [2 Lm, 1 Stb]} in die nächste M, 2 M übergehen; ab * fortlfd wdh, dabei falls nötig gegen Ende der Rd die Abstände so ausgleichen, dass die Rd nach der letzten Stb-Gruppe mit 1 Km in die 1. fM geschlossen werden kann.

Den grünen Faden abschneiden und sichern. Den Faden in Pink mit 1 fM an einem 2-Lm-Bogen der Vorrd anschlingen.
2. Runde: 3 Lm, 1 fM in denselben Bogen, jeweils [1 fM, 3 Lm, 1 fM] in jeden folg 2-Lm-Bogen bis Rd-Ende, die Rd mit 1 Km in die 1. fM schließen.
Den Faden abschneiden und sichern. Die Fadenenden vernähen.

Die Oberkante des Kragens behäkeln wie folgt:
Den grünen Faden mit 1 Km an der Oberkante des Kragens anschlingen.
1. Runde: 3 Lm (für das 1. Stb), 1 Stb in jede M bis Rd-Ende, die Rd mit 1 Km in die oberste der 3 Anfangs-Lm schließen.
Den grünen Faden abschneiden und sichern. Den Faden in Pink mit 1 fM an einer M der Vorrd anschlingen.
2. Runde: Je 1 fM in die nächsten 2 M, 1 Picot (= 3 Lm, 1 Km in die 1. dieser 3 Lm), * je 1 fM in die nächsten 3 M, 1 Picot; ab * fortlfd wdh, die Rd schließen mit 1 Km in die 1. fM.

Den Faden abschneiden und sichern. Die Fadenenden vernähen.

Eine Blüte Nr. 2 (siehe Seite 115f.) häkeln und auf den ausgestellten Teil des Kragens nähen.

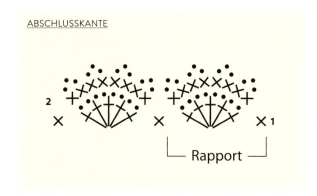

ABSCHLUSSKANTE

Wer's weniger romantisch liebt, häkelt die Mütze Dornröschen aus schwarz-weiß meliertem Garn und verziert sie mit einer Abschlussborte und Rosen in Orange.

Schleifenfanny

In kühlem Mint mit neckischem Schleifchen erinnert diese Variante des Grundmodells Fanny an die Kopfbedeckungen aus den 1920er Jahren.

EINFACHE HÄKELMÜTZE | SCHLEIFENFANNY | SCHWIERIGKEITSGRAD: *

MATERIAL
- Woll- oder Wollmischgarn (LL 70–80 m/50 g) in Mintgrün und Blau, je 50 g
- Häkelnadel 4–5 mm
- Wollnadel

ANLEITUNG
Mit einem magischen Fadenring in Mintgrün beginnen und häkeln wie folgt:

1.–12. Runde: Wie das Grundmodell Fanny häkeln (siehe Seite 08).

Nun 1 Rd DStb häkeln, um später das Band leichter durchziehen zu können.

13. Runde: 4 Lm (für das 1. DStb), je 1 DStb in die 2. und jede folg M bis Rd-Ende, die Rd mit 1 Km in die oberste der 4 Anfangs-Lm schließen.

14. Runde: 3 Lm (für das 1. Stb), je 1 Stb in die 2. und jede folg M bis Rd-Ende, die Rd mit 1 Km in die oberste der 3 Anfangs-Lm schließen.

15. Runde: 1 Lm, * je 1 fM in die nächsten 3 M, 1 Picot (= 3 Lm, 1 Km in die erste dieser 3 Lm); ab * fortlfd wdh, die Rd schließen mit 1 Km in die 1. fM.

Den Faden abschneiden und sichern. Die Fadenenden vernähen.

BAND
65 Lm anschl (bzw. so viele Lm, dass die Lm-Kette locker um deinen Kopf passt).

1. Reihe: 3 Lm (für das 1. Stb), je 1 Stb in die 4. Lm von der Häkelnd aus und in jede folg Lm bis R-Ende.

Den Faden abschneiden und sichern. Die Fadenenden vernähen.

SCHLEIFE
10 Lm anschl.

1. Reihe: 3 Lm (für das 1. Stb), je 1 Stb in die 4. Lm von der Häkelnd aus und in jede folg Lm bis R-Ende.

2. Reihe: 3 Lm (für das 1. Stb), je 1 Stb ins 2. Stb und in jedes folg Stb bis R-Ende.

Die 2. R so oft wdh, bis der Streifen gut doppelt so lang ist, wie die Schleife werden soll.

Den Faden abschneiden und sichern. Die Fadenenden vernähen.

Einen 2. Streifen aus Stb über 6 Lm mit einer Länge von 6 cm für die Schleifenmitte häkeln.

Die Schmalseiten des breiten Streifens zusammennähen, so dass ein Ring entsteht.

Den Ring mit der Naht nach unten flach auf die Arbeitsfläche legen, mit dem schmalen Streifen in der Mitte zusammenfassen und den schmalen Streifen auf der Rückseite der Schleife zusammennähen.

Das Band durch die DStb der 13. Mützen-Rd fädeln (immer 4 DStb übergehen und das Band unter dem 5. DStb durchziehen), die Bandenden zusammennähen und die Schleife über die Nahtstelle nähen.

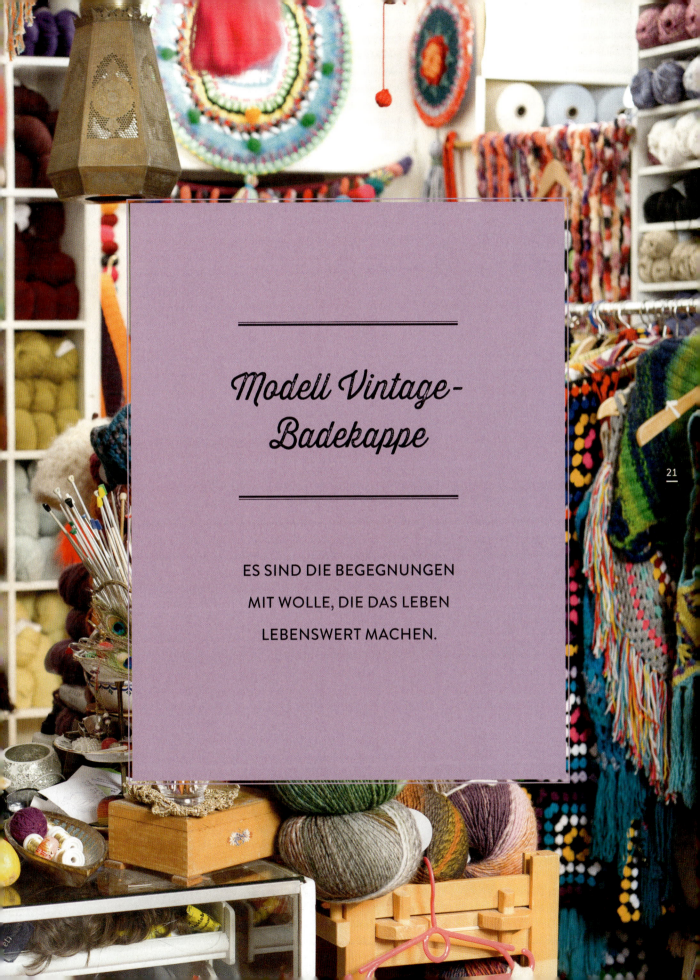

Modell Vintage-Badekappe

ES SIND DIE BEGEGNUNGEN MIT WOLLE, DIE DAS LEBEN LEBENSWERT MACHEN.

Grundmodell Lola

Diese Mützenform, die durch den verlängerten Teil über den Ohren und im Nacken besonders gut wärmt, ist den Badekappen nachempfunden, die einst in jedem Schwimmbad Vorschrift waren.

MODELL VINTAGE-BADEKAPPE | GRUNDMODELL LOLA | SCHWIERIGKEITSGRAD: ∗∗

MATERIAL
- Woll- oder Wollmischgarn (LL 70–80 m/50 g) in Weinrot, 100 g
- Häkelnadel 4–5 mm
- Wollnadel

ANLEITUNG

Mit einem magischen Fadenring beginnen und häkeln wie folgt (siehe auch Häkelschrift):

1. Runde: 3 Lm (für das 1. Stb), 15 Stb in den Fadenring, die Rd mit 1 Km in die oberste der 3 Anfangs-Lm schließen (= 16 M).

2. Runde: 3 Lm (für das 1. Stb), 1 Stb in die M an der Basis der 3 Anfangs-Lm, je 2 Lm in jede folg M der Vorrd, die Rd mit 1 Km in die oberste der 3 Anfangs-Lm schließen (= 32 M).

3. Runde: 3 Lm (für das 1. Stb), * je 1 Stb in die nächsten 3 M, 2 Stb in die folg M; ab * fortlfd wdh, enden mit je 1 Stb in die letzten 3 M, 1 Stb in die oberste der 3 Anfangs-Lm der Vorrd, die Rd mit 1 Km in die oberste der 3 Anfangs-Lm schließen (= 40 M).

4. Runde: 3 Lm (für das 1. Stb), * je 1 Stb in die nächsten 3 M, 2 Stb in die folg M; ab * fortlfd wdh, enden mit je 1 Stb in die letzten 3 M, 1 Stb in die oberste der 3 Anfangs-Lm der Vorrd, die Rd mit 1 Km in die oberste der 3 Anfangs-Lm schließen (= 50 M).

5. Runde: 3 Lm (für das 1. Stb), * je 1 Stb in die nächsten 3 M, 2 Stb in die folg M; ab * fortlfd wdh, enden mit je 1 Stb in die

Petra Perles Tipps

Wenn die Mütze für einen größeren Kopf etwas weiter werden soll, häkelst du nach der 5. Runde weitere Zunahmerunden, in denen du jedes 4. Stäbchen der Runde verdoppelst, und arbeitest anschließend die Stäbchenrunden ohne Zunahmen.
Auch den hinteren Teil der Mütze kannst du nach Belieben verlängern. Dazu häkelst du eine weitere Reihe wie die 13. Reihe, jedoch mit entsprechend weniger Stäbchen, um die schräge Kante weiterzuführen (siehe Häkelschrift).

letzte M, die Rd mit 1 Km in die oberste der 3 Anfangs-Lm schließen (= 62 M).

6.–12. Runde: 3 Lm (für das 1. Stb), 1 Stb in jede M der Vorrd, die Rd mit 1 Km in die oberste der 3 Anfangs-Lm schließen.

Nun für die Aussparung des Gesichts 15–18 M unbehäkelt lassen (in der Häkelschrift sind es 15 M) und in R weiterhäkeln wie folgt:

13. Reihe: 1 Km in die 1. M, 1 fM in die nächste M, 1 hStb in die nächste M, 2 Stb in die die folg M, je 1 Stb in die nächsten 40 Stb, 1 hStb in die nächste M, 1 fM in die nächste M, 1 Km in die nächste M; wenden.

14. Reihe: 1 Km in die fM der Vorrd, 1 hStb in die nächste M, 2 Stb in die nächste M, je 1 Stb in die nächsten 39 M, 1 hStb in die nächste M, 1 fM in die nächste M, 1 Km in die nächste M. Den Faden abschneiden und sichern. Die Fadenenden vernähen.

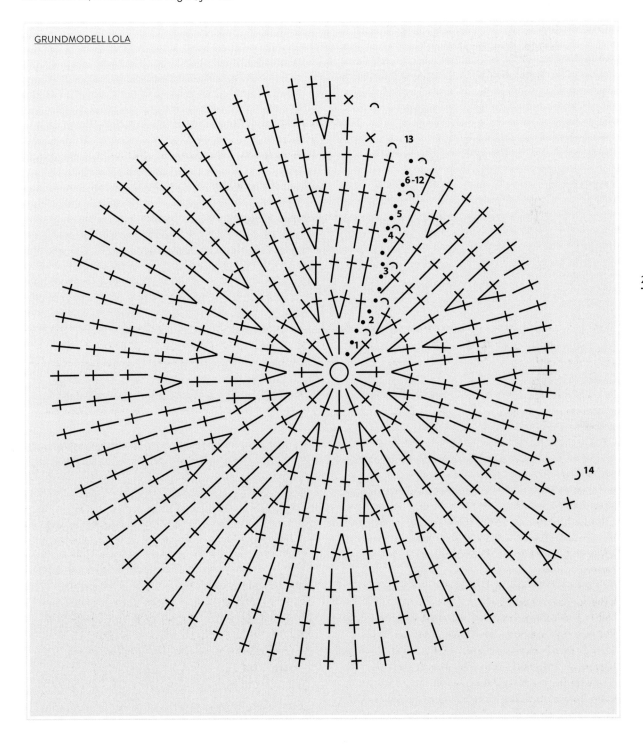

GRUNDMODELL LOLA

Lust auf Locken? Diese Lola-Variante ist mit Spiralfransen verziert, die sich als Korkenzieherlocken vom Wirbel aus über den Kopf verteilen. Dazu passt der dekorative Kaiserkragen.

MODELL VINTAGE-BADEKAPPE | LOLA MIT KAISERKRAGEN | SCHWIERIGKEITSGRAD: ✱✱

MATERIAL
- Woll- oder Wollmischgarn (LL 70–80 m/50 g) in Dunkelrot mit Farbverlauf:
  Für die Mütze: 100 g
  Für den Kragen: 150 g
- Häkelnadel 4–5 mm
- Wollnadel

ANLEITUNG
MÜTZE
Die Mütze in Weinrot meliert arb wie das Grundmodell Lola.

LOCKEN
Mit dem weinroten Garn 15–25 Lm anschl. Die Arbeit wenden und je 2 Stb in die 4. Lm von der Häkelnd aus und in jede weitere Lm bis R-Ende häkeln. Den Faden abschneiden und sichern. Die Fadenenden vernähen.
12–16 Locken unterschiedlicher Länge häkeln. Alle Locken an einem Ende zusammenfassen und in der oberen Mützenmitte annähen.

KAISERKRAGEN
60 Lm sehr locker anschl (evtl. nur für den Lm-Anschlag eine Häkelnd 6 mm verwenden) und mit 1 Km in die 1. Lm zum Ring schließen.
1. Runde: 3 Lm (für das 1. Stb), je 1 Stb in die 4. Lm von der Häkelnd aus und in jede folg Lm bis Rd-Ende, die Rd mit 1 Km in die oberste der 3 Anfangs-Lm schließen (= 60 M).
Nun in Reliefstäbchen (RStbv und RStbh; siehe Erklärung auf Seite 114) weiterhäkeln:
2. Runde: 3 Lm (für das 1. Stb), *1 RStbv um den Stiel des nächsten Stb der Vorrd, 1 RStbh um den Stiel des folg Stb; ab * fortlfd wdh bis Rd-Ende, die Rd mit 1 Km in die oberste der 3 Anfangs-Lm schließen.
Die 2. Rd beliebig oft wdh, bis der Kragen die gewünschte Höhe hat. (Bei meinem Kragen sind es 6 Rd.)
Nun die Streifen für die Zöpfe häkeln: 1 fM ins nächste RStbv, *15 Lm, je 1 Stb in die 3. Lm von der Häkelnd aus und in jede folg Lm, 1 fM ins nächste RStbv; ab * noch 29 x wdh, die Rd mit 1 Km in die 1. fM schließen (= 30 Streifen für 10 Zöpfe).
Den Faden abschneiden und sichern.
Jeweils 3 benachbarte Streifen miteinander zum Zopf verflechten und das Zopfende mit einer Stecknadel fixieren.

Den Faden von der rechten Seite der Arbeit mit 1 fM am Lm-Bogen am Ende des rechten Streifen eines Zopfes anschlingen, weitere 2 fM in denselben Bogen häkeln, je 3 fM in die Enden der nächsten 2 Streifen desselben Zopfes (= 9 fM je Zopf), * 3 Lm, je 3 fM in die Enden der 3 Streifen des nächsten Zopfes; ab * fortlfd wdh bis zum letzten Zopf, 3 Lm, die Rd mit 1 Km in die 1. fM schließen.
Nächste Runde: 4 Lm (für das 1. Stb + 1 Lm), 1 M der Vorrd übergehen, * 1 Stb in die nächste M, 1 M der Vorrd mit 1 Lm übergehen; ab * fortlfd wdh bis Rd-Ende, die Rd mit 1 Km in die 3. der 4 Anfangs-Lm schließen.
Nächste Runde: 3 Lm (für das 1. Stb), 1 Stb in den Lm-Bogen der Vorrd, 2 Stb in jeden folg Lm-Bogen der Vorrd bis Rd-Ende, die Rd mit 1 Km in die oberste der 3 Anfangs-Lm schließen.
Nun als Abschluss eine Muschelkante mit Picots häkeln.
Nächste Runde: 1 Lm, 1 fM in die M an der Basis der Lm, * 2 M der Vorrd übergehen, [4 Stb, 3 Lm, 1 Km in die 1. dieser 3 Lm (= 1 Picot), 3 Stb] in die nächste M, 2 M übergehen, 1 fM in die nächste M; ab * fortlfd wdh bis Rd-Ende, die Rd mit 1 Km in die 1. fM schließen.

Die Oberkante des Kaiserkragens behäkeln wie folgt:
Den Faden mit 1 fM an einer M der Oberkante anschlingen.
* 1 fM, 2 Lm, 1 Km in die 1. der 2 Lm (= 1 Picot), 1 fM; ab * fortlfd wdh bis Rd-Ende, die Rd mit 1 Km in die 1. fM schließen.

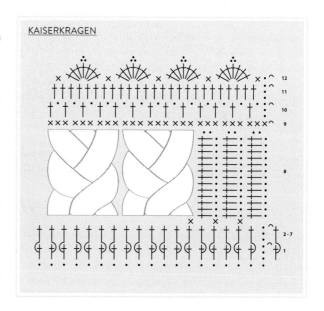

Lola mit Kaiserkragen

Schnee-flöckchen

Kleine weiße Bommel sitzen auf dieser blauen Variante der Mütze Lola. Eine weiße Zierkante nimmt die Farbe noch einmal auf.

MODELL VINTAGE-BADEKAPPE | SCHNEEFLÖCKCHEN | SCHWIERIGKEITSGRAD: ✱✱

MATERIAL
- Woll- oder Wollmischgarn (LL 70–80 m/50 g) in Blau, 100 g, und in Weiß, 50 g
- Häkelnadel 4–5 mm
- Wollnadel

ANLEITUNG
Die Mütze in Blau nach der Anleitung für das Grundmodell Lola arb.

Abschlussrunde (Weiß): Den weißen Faden mit 1 fM an einer M an der Kante in der hinteren Mitte anschlingen, je 1 fM in die nächsten 2 M, * 3 Lm, 1 Km in die 1. dieser 3 Lm (= 1 Picot), je 1 fM in die nächsten 3 M; ab * fortlfd wdh bis Rd-Ende, die Rd mit 1 Km in die oberste der 3 Anfangs-Lm schließen. Den Faden abschneiden und sichern. Die Fadenenden vernähen.

Aus weißem Garn 19 Minibommeln anfertigen (siehe Anleitung auf Seite 123) und beliebig verteilt auf die Mütze nähen.

Hollywood

Ein Kranz aus Sternen zieht sich um diese Mütze – ein Modell nicht nur für Stars!

MODELL VINTAGE-BADEKAPPE | HOLLYWOOD | SCHWIERIGKEITSGRAD: ★★

MATERIAL
- Woll- oder Wollmischgarn (LL 70–80 m/50 g) in Graublau, 100 g, in Gelb, 50 g, und in Weiß, Rest
- Häkelnadel 4–5 mm
- Wollnadel

ANLEITUNG
Die Mütze wie das Grundmodell Lola häkeln, dabei jedoch die 7. und 12. Rd mit weißem Garn arb.

STERNE
Siehe Häkelschrift auf Seite 120.
Mit einem magischen Fadenring in Gelb beginnen.
1. Runde: 2 Lm (für das 1. hStb), 14 hStb in den Fadenring häkeln, die Rd mit 1 Km in die obere Anfangs-Lm schließen. Den Faden abschneiden und sichern.
Nun die Strahlen des Sterns arb wie folgt:
2. Runde: 6 Lm, 1 Km in die 2. Lm von der Häkelnd aus, 1 fM in die nächste Lm, 1 hStb in die nächste Lm, 1 Stb in die nächste Lm, 2 Stb der 1. Rd übergehen, 1 fM ins nächste Stb der 1. Rd; ab * noch 4 x wdh, bei der letzten Wiederholung die letzte fM durch 1 Km in die unterste der 6 Anfangs-Lm ersetzen, um die Rd zu schließen. Den Faden abschneiden und sichern.
Weitere 6 Sterne genauso arb.
Die Sterne rundum auf die Mütze nähen. Fadenenden vernähen.

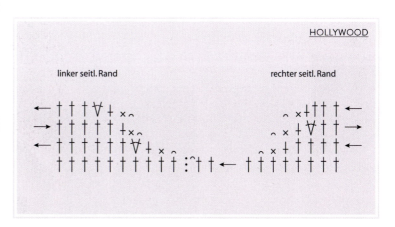

HOLLYWOOD

Klassiker mit Bündchen

EIN LEBEN OHNE WOLLE IST MÖGLICH, ABER SINNLOS.

Grundmodell Helene

Ein Bündchen aus Reliefstäbchen sorgt bei diesem klassischen Modell für guten Sitz. Weil die Mütze Helene so schlicht ist, bietet sie viele Variationsmöglichkeiten und gefällt auch Männern.

KLASSIKER MIT BÜNDCHEN | GRUNDMODELL HELENE | SCHWIERIGKEITSGRAD: ✱✱

MATERIAL
- Woll- oder Wollmischgarn (LL 70–80 m/50 g) in Weinrot, 100 g
- Häkelnadel 4–5 mm
- Wollnadel

ANLEITUNG

Mit einem magischen Fadenring in Weinrot beginnen und häkeln wie folgt (siehe auch Häkelschrift):

1. Runde: 3 Lm (für das 1. Stb), 15 Stb in den Fadenring, die Rd mit 1 Km in die oberste der 3 Anfangs-Lm schließen (= 16 M).

2. Runde: 3 Lm (für das 1. Stb), 1 Stb in die M an der Basis der 3 Anfangs-Lm, je 2 Lm in jede folg M der Vorrd, die Rd mit 1 Km in die oberste der 3 Anfangs-Lm schließen (= 32 M).

3. Runde: 3 Lm (für das 1. Stb), * je 1 Stb in die nächsten 3 M, 2 Stb in die folg M; ab * fortlfd wdh, enden mit je 1 Stb in die letzten 3 M, 1 Stb in die oberste der 3 Anfangs-Lm der Vorrd, die Rd mit 1 Km in die oberste der 3 Anfangs-Lm schließen (= 40 M).

4. Runde: 3 Lm (für das 1. Stb), * je 1 Stb in die nächsten 3 M, 2 Stb in die folg M; ab * fortlfd wdh, enden mit je 1 Stb in die letzten 3 M, 1 Stb in die oberste der 3 Anfangs-Lm der Vorrd, die Rd mit 1 Km in die oberste der 3 Anfangs-Lm schließen (= 50 M).

Petra Perles Tipps

Wenn die Mütze etwas weiter werden soll – beispielsweise für einen Herrn –, arbeitest du nach der 5. Runde einfach weitere Zunahmerunden, in denen du jedes 4. Stäbchen verdoppelst (siehe Häkelschrift Helene, groß).
Wenn du ein Häkelgarn aus Baumwolle verwendest, wird aus diesem Modell eine luftige Sommermütze. Achte aber darauf, dass sie groß genug wird, und häkle gegebenenfalls weitere Zunahmerunden.

5. Runde: 3 Lm (für das 1. Stb), * je 1 Stb in die nächsten 3 M, 2 Stb in die folg M; ab * fortlfd wdh, enden mit je 1 Stb in die letzte M, die Rd mit 1 Km in die oberste der 3 Anfangs-Lm schließen (= 62 M).

6.–12. Runde: 3 Lm (für das 1. Stb), 1 Stb in jede M der Vorrd, die Rd mit 1 Km in die oberste der 3 Anfangs-Lm schließen.

Nun für das Bündchen Reliefstäbchen arb, dabei im Wechsel von vorne nach hinten (RStbv) und von hinten nach vorne (RStbh) um die Stb der Vorrd herum einstechen (siehe auch Seite 116):

13. Runde: 3 Lm (für das 1. Stb), * 1 RStbv um das nächste Stb, 1 RStbh um das folg Stb; ab * fortlfd wdh bis Rd-Ende, die Rd mit 1 Km in die oberste der 3 Anfangs-Lm schließen. Die 13. Rd noch 3–5 x wdh.

Den Faden abschneiden und sichern. Die Fadenenden vernähen.

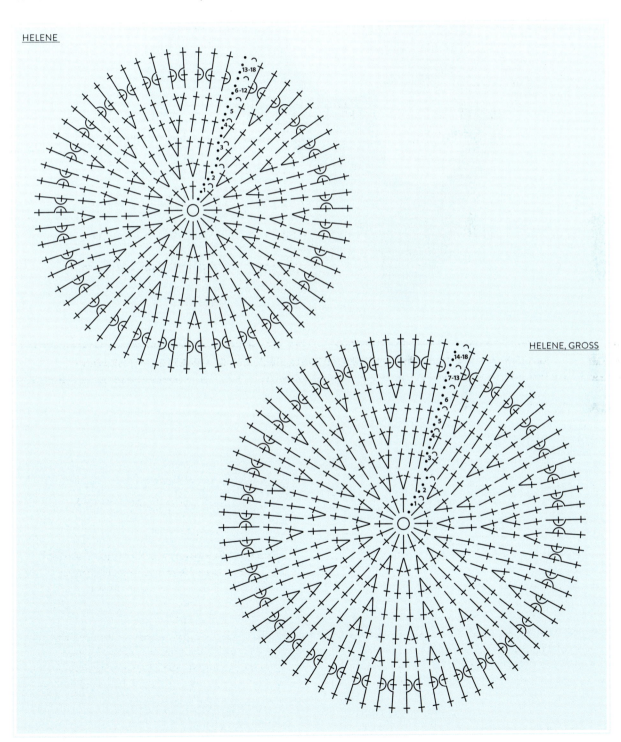

HELENE

HELENE, GROSS

Anemone

Eine üppige Blüte erblüht auf dieser Mütze. Die Blütenblätter werden in Runden gehäkelt und wirken deshalb besonders schön plastisch.

KLASSIKER MIT BÜNDCHEN | ANEMONE | SCHWIERIGKEITSGRAD: ✱✱

MATERIAL
- Woll- oder Wollmischgarn (LL 70–80 m/50 g) in Anthrazit mit Glitzereffekt, 100 g, in Wollweiß, 50 g, und in Weinrot, Rest
- Häkelnadel 4–5 mm
- Wollnadel
- Rouge oder roter Buntstift

ANLEITUNG
Die Mütze in Anthrazit mit Glitzereffekt arb wie das Grundmodell Helene.

PLASTISCHE BLÜTE (siehe Häkelschrift auf Seite 118)
BLÜTENBLATT
Mit einem magischen Fadenring in Wollweiß beginnen und häkeln wie folgt (siehe auch Häkelschrift):
1. Runde: 1 Lm, 8 fM in den Fadenring häkeln, die Rd mit 1 Km in die 1. fM schließen (= 8 M).
Nun in Spiralrd weiterhäkeln (d.h., die Rd nicht schließen) wie folgt: 11 x [1 fM in die nächste M, 2 fM in die folg M], 60 x 1 fM in die nächste fM, 4 x [2 x 2 fM zus abm, 1 fM in jede folg fM bis zur Abn-Stelle] (= 8 M abgenommen), enden mit 1 Km in die nächste M. Den Faden abschneiden und sichern.
Weitere 4 Blütenblätter genauso arb.
Die Blätter zur Blüte zusammennähen. Die Fadenenden vernähen.

BLÜTENZENTRUM
Mit einem magischen Fadenring in Rot beginnen und häkeln wie folgt (siehe auch Häkelschrift):
1. Runde: 1 Lm, 10 fM in den Fadenring, die Rd mit 1 Km in die 1. fM schließen.
2. Runde: 1 Lm, 2 fM in jede M fM der Vorrd, die Rd mit 1 Km in die 1. fM schließen (= 20 M).
3. Runde: 1 Lm, 1 fM in die nächste M, 2 fM in die folg M; * je 1 fM in die nächsten 2 M, 2 fM in die folg M; ab * fortlfd wdh bis Rd-Ende, die Rd mit 1 Km in die 1. fM schließen.
Den Faden abschneiden und sichern. Die Fadenenden vernähen.

Den roten Kreis in die Mitte der Blüte nähen und die Blüte nach Belieben verzieren. Ich habe die weißen Blütenblätter mit etwas Rouge aus meinem Schminkkoffer koloriert. Du könntest dazu aber auch einen roten Buntstift verwenden. Alternativ kannst du die Blüte mit Perlen besticken oder einen dekorativen Knopf, eine Bommel oder eine Brosche in der Mitte befestigen. Die fertige Blüte auf die Mütze nähen.

PLASTISCHE BLÜTE

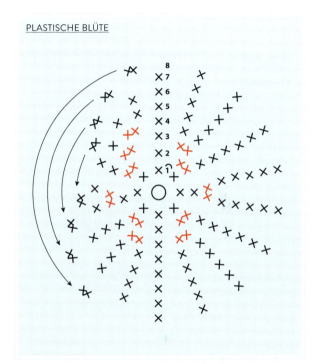

Die zarten Farben Rosa, Weiß und Hellgrün bringen uns in Frühlingsstimmung. Die dekorative Edelweißblüte kannst du ein zweites Mal häkeln und passend zur Mütze auf eine Tasche nähen.

KLASSIKER MIT BÜNDCHEN | EDELWEISS | SCHWIERIGKEITSGRAD: ∗∗

MATERIAL
- Woll- oder Wollmischgarn (LL 70–80 m/50 g) in Wollweiß, 100 g, in Rosa und Hellgrün, je 50 g, sowie in Gelb, Rest
- Häkelnadel 4–5 mm
- Wollnadel
- Satinband, 10 mm breit, in Grün, 100 cm

ANLEITUNG
Die Mütze arb wie das Grundmodell Helene (siehe Seite 30), dabei in Wollweiß beginnen und für das Bündchen zu Hellgrün wechseln und 4–5 Rd RStb häkeln, wie beim Grundmodell beschrieben.

Letzte Runde (Hellgrün): 1 Lm, * je 1 fM in die nächsten 3 M, 3 Lm, 1 Km in die 1. dieser 3 Lm (= 1 Picot); ab * fortlfd wdh bis Rd-Ende, die Rd mit 1 Km in die 1. fM schließen.

EDELWEISS

EDELWEISSBLÜTE
Mit einem magischen Fadenring in Gelb beginnen und häkeln wie folgt (siehe auch Häkelschrift):

1. Runde (Gelb): * 3 Lm, 3 zus abgemaschte Stb in den Fadenring, 3 Lm, 1 fM in den Fadenring; ab * noch 5 x wdh. Den Faden abschneiden und sichern.
Zu Weiß wechseln.

2. Runde (Weiß): Den weißen Faden mit 1 fM an einer fM der 1. Rd anschlingen, * 6 Lm, 1 Km in die 2. Lm von der Häkelnd aus, 1 fM in die nächste Lm, 1 hStb in die nächste Lm, je 1 Stb in die nächsten 2 Lm, 1 fM in die nächste fM der 1. Rd; ab * fortlfd wdh, statt der letzten fM 1 Km in die 1. fM der Rd arb.

3. Runde (Weiß): Nun die Stege für die nächste Stb-Rd anlegen: * 4 Lm, 1 fM in die fM der Vorrd zwischen 2 Blütenblättern; ab * noch 5 x wdh, die Rd mit 1 Km in die fM an der Basis der ersten 4 Lm schließen.

4. Runde (Weiß): 3 Lm, je 6 Stb in die nächsten fünf 4-Lm-Bogen (jeweils hinter dem Blütenblatt), 5 Stb in den letzten 4-Lm-Bogen, die Rd mit 1 Km in die oberste der 3 Anfangs-Lm schließen.

5. Runde: 1 Km in das 1. Stb der Rd, * 6 Lm, 1 Km in die 2. Lm von der Häkelnd aus, 1 Stb in die nächste Lm, 1 hStb in die nächste Lm, 2 Stb in die nächste Lm, 2 Stb der 4. Rd übergehen, 1 Km ins nächste Stb; ab * fortlfd wdh bis Rd-Ende. Den Faden abschneiden und sichern. Die Fadenenden vernähen.

ZOPF
In Rosa 120 Lm anschl.
1. Reihe: Je 1 Stb in die 4. Lm von der Häkelnd aus und in jede folg Lm bis R-Ende. Den Faden abschneiden und sichern.
Weitere 2 Bänder auf dieselbe Weise häkeln. Die 3 Stb-Bänder und das grüne Satinband zum Zopf flechten, oberhalb des Bündchens um die Mütze legen und annähen.
Die Blüte auf die Mütze nähen (siehe Foto).

Edelweiß

Heckenrose

Ein weiterer augenzwinkernder Beitrag zum Thema Tracht: Ein Bogen aus fünf roten Rosen schmückt diese klassische Mütze in schlichtem Graubraun. Wer mag, ordnet die Blüten ganz nach Belieben anders an.

KLASSIKER MIT BÜNDCHEN | HECKENROSE | SCHWIERIGKEITSGRAD: **

MATERIAL
- Woll- oder Wollmischgarn (LL 70–80 m/50 g) in Graubraun, 100 g, sowie in Dunkelrot und Grün, je 50 g
- Häkelnadel 4–5 mm
- Wollnadel

ANLEITUNG
Die Mütze in Graubraun arb wie das Grundmodell Helene (siehe Seite 30).

ROSENBLÜTEN
Mit einem magischen Fadenring in Rot beginnen und häkeln wie folgt (siehe auch Häkelschrift):
1. Runde: 10 fM in den Fadenring, die Rd mit 1 Km in die 1. fM schließen.
2. Runde: 4 Lm, 1 fM der Vorrd übergehen, * 1 fM in die nächste M, 3 Lm, 1 fM der Vorrd übergehen; ab * noch 3 x wdh, die Rd mit 1 Km in die 1. Lm der Rd schließen.
3. Runde: [1 fM, 6 Stb, 1 fM] in jeden Lm-Bogen bis Rd-Ende, die Rd mit 1 Km in die 1. fM schließen.
Nun Stege für die nächste Lage an Blütenblättern anlegen. Dazu die Blüte umdrehen und auf der Rückseite arb wie folgt:
4. Runde: 1 fM zwischen die letzte und die 1. fM der 3. Rd, * 5 Lm, 1 fM zwischen die nächsten 2 fM der 3. Rd; ab * noch 4 x wdh, die letzte fM durch 1 Km in die 1. fM der Rd ersetzen.
Die Blüte wieder umdrehen und die 5. Rd von der rechten Seite der Arbeit aus häkeln.
5. Runde: [1 fM, 8 Stb, 1 fM] in jeden Lm-Bogen der 4. Rd, die Rd mit 1 Km in die 1. fM schließen. Den roten Faden abschneiden und sichern.
Zum grünen Garn wechseln. In der folg Rd werden die Stege für die 3. Blattrunde angelegt. Die Blüte umdrehen und von der linken Seite der Arbeit aus häkeln:
6. Runde: Den grünen Faden mit 1 fM zwischen der letzten und der 1. fM der 5. Rd anschlingen, * 7 Lm, 1 fM zwischen die nächsten 2 fM der 5. Rd; ab * noch 4 x wdh, die letzte fM durch 1 Km in die 1. fM der Rd ersetzen.
Die Blüte wieder umdrehen und die Abschlussrd von der rechten Seite aus häkeln:
7. Runde: [1 fM, 6 Stb, 3 Lm, 1 Km in die 1. dieser 3 Lm (= 1 Picot), 5 Stb, 1 fM] in jeden der 5 Lm-Bogen bis Rd-Ende häkeln, die Rd mit 1 Km in die 1. fM der Rd schließen.

Den Faden abschneiden und sichern. Die Fadenenden vernähen.

Weitere 4 Blüten auf dieselbe Weise anfertigen und bogenförmig auf die Mütze nähen.

ROSENBLÜTE

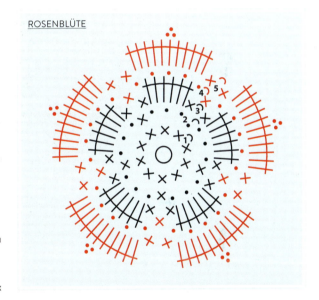

In edlem Weinrot und Gold gehäkelt, erinnert die Mütze an eine Krone.
Dezenter wirkt sie einfarbig und ohne Bommel.

KLASSIKER MIT BÜNDCHEN | KAISERKRONE | SCHWIERIGKEITSGRAD: ✱✱✱

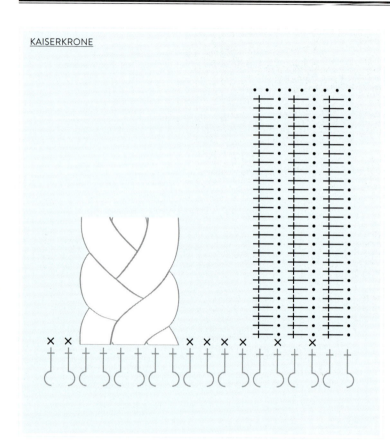

KAISERKRONE

MATERIAL
- Woll- oder Wollmischgarn (LL 70–80 m/50 g) in Weinrot und Goldgelb, je 100 g, sowie in Schwarz, 50 g
- Metallicgarn, goldfarben, 50 g
- Häkelnadel 4–5 mm
- Wollnadel

ANLEITUNG
Mit einem magischen Fadenring in Weinrot beginnen und die 1.–5. Rd häkeln, wie beim Grundmodell Helene beschrieben (siehe Seite 30), dabei jedoch in der 5. Rd nur 10 statt 12 Stb zun (= 60 M).

6.–10. Runde: 3 Lm (für das 1. Stb), je 1 Stb in das 2. und jedes folg Stb der Vorrd bis Rd-Ende, die Rd mit 1 Km in die oberste der 3 Anfangs-Lm schließen.

Den Faden in Weinrot abschneiden und sichern. Mit je 1 Faden in Goldgelb und Goldmetallic zus in Reliefstäbchen (RStb, siehe Seite 114) weiterhäkeln wie folgt:

11. Runde: 3 Lm (für das 1. Stb), * 1 RStbv um den Stiel des nächsten Stb, 1 RStbh um den Stiel des folg Stb; ab * fortlfd wdh bis Rd-Ende, die Rd mit 1 Km in die oberste der 3 Anfangs-Lm schließen. Die 11. Rd noch 3–4 x wdh.

Letzte Runde: 1 Lm, * je 1 fM in die nächsten 2 M, 2 Lm, 1 Km in die 1. dieser 2 Lm; ab * fortlfd wdh bis Rd-Ende, die Rd mit 1 Km in die 1. fM schließen.
Die Fäden abschneiden und sichern.

Für die Zopfstreifen beide Fäden in Goldgelb und Goldmetallic mit 1 Km an einem RStbv der 11. Rd neu anschlingen, * 3 x [30 Lm, je 1 Stb in die 4. Lm von der Häkelnd aus und in jede folg Lm bis R-Ende, 1 fM ins nächste RStbv], je 1 fM in die nächsten 4 RStb (= RStbh, RStbv, RStbh, RStbv); ab * noch 5 x wdh (= 6 Gruppen aus je 3 Stb-Streifen), die Rd mit 1 Km in die 1. Km schließen. Jeweils 3 Stb-Streifen zu einem Zopf flechten. Alle 6 Zöpfe in der oberen Mitte der Mütze zusammenfassen und annähen. Aus schwarzem Garn eine Bommel anfertigen (siehe Seite 123) und in die obere Mitte der Mütze nähen.
Jetzt die Dreiergruppen dieser so entstandenen Streifen verflechten und oben zusammennähen. Noch eine Bommel drauf, wenn du das möchtest, und schon bist du fertig mit deiner Kaiserkrone.

Petra Perles Tipps

Wenn du die Mütze aus etwas dünnerem Garn (z.B. LL 85 m/50 g) häkeln willst, arbeitest du nach der 5. Runde eine weitere Zunahmerunde, in der du noch einmal 10 Stäbchen zunimmst (= 70 M), und weitere 6 Stäbchenrunden ohne Zunahmen (= 12 Rd insgesamt), bevor du mit den Reliefstäbchenrippen beginnst. Über den erhabenen Reliefstäbchen (RStbv) arbeitest du anschließend 21 Streifen über jeweils 35 (statt 30) Luftmaschen und flichtst daraus 7 Zöpfe.

Kaiserkrone

Pillbox Madame

ES GIBT ZWEI DINGE, DIE UNENDLICH SIND: DAS UNIVERSUM UND DIE WOLLSUCHT DER FRAUEN.

Jacqueline Kennedy hat die Pillbox, jenen kleinen zylindrischen Hut, einst weltbekannt gemacht. Wir interpretieren den Klassiker als gehäkelte Mütze neu.

PILLBOX MADAME | GRUNDMODELL | SCHWIERIGKEITSGRAD: ✱✱

MATERIAL
- Woll- oder Wollmischgarn (LL 70–80 m/50 g) in Weinrot, 100 g
- Häkelnadel 4–5 mm
- Wollnadel

ANLEITUNG

Mit einem magischen Fadenring in Weinrot beginnen und häkeln wie folgt (siehe auch Häkelschrift):
1. Runde: 3 Lm (für das 1. Stb), 12 Stb in den Fadenring, die Rd mit 1 Km in die oberste der 3 Anfangs-Lm schließen (= 13 M).
Nun mit Stb und RStb weiterhäkeln, dabei vorerst nur nach vorne hervortretende RStbv arb (siehe auch Seite 114):
2. Runde: 3 Lm (für das 1. Stb), 1 RStbv um das Stb an der Basis der 3 Anfangs-Lm, * 1 Stb in das nächste Stb, 1 RStbv um dasselbe Stb der Vorrd; ab * fortlfd wdh bis Rd-Ende, die Rd mit 1 Km in die oberste der 3 Anfangs-Lm schließen (= 26 M).
3. Runde: 3 Lm (für das 1. Stb), 1 Stb in die M an der Basis der 3 Anfangs-Lm, 1 RStbv um das RStbv der Vorrd, * 2 Stb in das Stb der Vorrd, 1 RStbv um das RStbv der Vorrd; ab * fortlfd wdh bis Rd-Ende, die Rd mit 1 Km in die oberste der 3 Anfangs-Lm schließen (= 39 M).
4. Runde: 3 Lm (für das 1. Stb), 1 Stb in die M an der Basis der 3 Anfangs-Lm, 1 Stb in das nächste Stb, 1 RStbv um das RStbv der Vorrd, * 2 Stb in das nächste Stb der Vorrd, 1 Stb in das folg Stb, 1 RStbv um das RStbv; ab * fortlfd wdh bis Rd-Ende, die Rd mit 1 Km in die oberste der 3 Anfangs-Lm schließen (= 52 M).
5. Runde: 3 Lm (für das 1. Stb), 1 Stb in die M an der Basis der 3 Anfangs-Lm, je 1 Stb in die nächsten 2 Stb, 1 RStbv um das RStbv der Vorrd, * 2 Stb in das nächste Stb, je 1 Stb in die nächsten 2 Stb, 1 RStbv um das RStbv der Vorrd; ab * fortlfd wdh bis Rd-Ende, die Rd mit 1 Km in die oberste der 3 Anfangs-Lm schließen (= 65 M).
6. Runde: 3 Lm (für das 1. Stb), 1 Stb in die M an der Basis der 3 Anfangs-Lm, je 1 Stb in die nächsten 3 Stb, 1 RStbv um das RStbv der Vorrd, * 2 Stb in das nächste Stb, je 1 Stb in die nächsten 3 Stb, 1 RStbv um das RStbv der Vorrd; ab * fortlfd wdh bis Rd-Ende, die Rd mit 1 Km in die oberste der 3 Anfangs-Lm schließen (= 65 M).
7. und 8. Runde: 3 Lm (für das 1. Stb), 1 Stb in jedes Stb der Vorrd, die Rd mit 1 Km in die oberste der 3 Anfangs-Lm schließen.
Die 8. Rd ergibt später die scharfe Kante der Pillbox.
9. Runde: 3 Lm (für das 1. Stb), * 1 RStbh um das nächste Stb, 1 RStbv um das folg Stb; ab * fortlfd wdh bis zur letzten M, enden mit 1 RStbh um das letzte Stb, die Rd mit 1 Km in die oberste der 3 Anfangs-Lm schließen.
Die 9. Rd stets wdh, bis die Pillbox die gewünschte Höhe erreicht hat.
Den Faden abschneiden und sichern. Die Fadenenden vernähen.

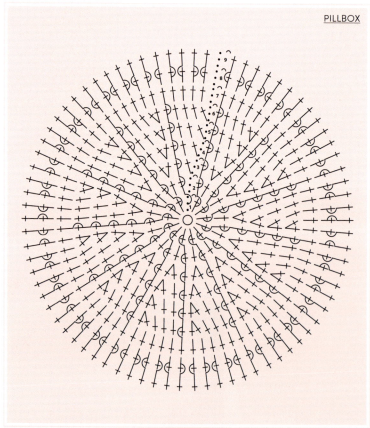

PILLBOX

Grundmodell Madame

Blütenstern mit Kragen

Der starke Farbkontrast zwischen Mütze und Deko-Elementen macht den Reiz dieses Modells aus. Ein passender Kragen vervollständigt den Look.

PILLBOX MADAME | BLÜTENSTERN MIT KRAGEN | SCHWIERIGKEITSGRAD: * * *

MATERIAL
- Woll- oder Wollmischgarn (LL 85 m/50 g) in Orange, Pink, Grün, Weiß und Schwarz, je 50 g (für Mütze und Kragen)
- Häkelnadel 4–5 mm
- Wollnadel

ANLEITUNG

MÜTZE
Mit einem magischen Fadenring in Schwarz beginnen.
Die 1.–6. Rd in Schwarz häkeln, wie beim Grundmodell Madame beschrieben (siehe Seite 42).
Den schwarzen Faden abschneiden und sichern. Den Faden in Orange anschlingen.
Die 7. und 9. Rd in Orange häkeln, wie beim Grundmodell Madame beschrieben, dann die 9. Rd noch 3 x wdh.
Den orangefarbenen Faden abschneiden und sichern. Den Faden in Pink anschlingen.
Die 9. Rd in Pink häkeln, wie beim Grundmodell Madame beschrieben, und 5 x wdh.
Den pinkfarbenen Faden abschneiden und sichern. Den Faden in Orange anschlingen.
Die 9. Rd in Orange noch 4 x wdh.
Den orangefarbenen Faden abschneiden und sichern. Den schwarzen Faden anschlingen.
Letzte Runde (Schwarz): 1 fM in jede M der Vorrd häkeln, die Rd mit 1 Km in die 1. fM der Rd schließen.
Den Faden abschneiden und sichern. Die Fadenenden vernähen.

BLÜTENSTERN
Mit einem magischen Fadenring in Schwarz beginnen und häkeln wie folgt (siehe auch Häkelschrift auf Seite 119):
1. Runde (Schwarz): 3 Lm (für das 1. Stb), 14 Stb in den Fadenring, die Rd mit 1 Km in die oberste der 3 Anfangs-Lm schließen (= 15 M).
Den schwarzen Faden abschneiden und sichern. Den weißen Faden an der obersten der 3 Anfangs-Lm der Vorrd anschlingen.
2. Runde (Weiß): 3 Lm (für das 1. Stb), 4 Stb um den Lm-Bogen an der Basis der 3 Anfangs-Lm, 1 Lm, * 5 Stb in den Zwischenraum zwischen dem 3. und 4. folg Stb der Vorrd, 1 Lm; ab * noch 3 x wdh, die Rd mit 1 Km in die oberste der 3 Anfangs-Lm schließen.
Den weißen Faden abschneiden und sichern. Den hellgrünen Faden mit 1 Km an der obersten der 3 Anfangs-Lm der Vorrd anschlingen.
3. Runde (Hellgrün): * 5 Lm, 3 zus abgem DStb in die folg 3 Stb, 5 Lm, 1 fM in das nächste Stb (= letztes Stb der ersten Stb-Gruppe),

1 fM um den 1-Lm-Bogen zwischen den Stb-Gruppen, * 1 fM ins folg Stb, 3 zus abgem DStb in die folg 3 Stb, 5 Lm, 1 fM um den 1-Lm-Bogen zwischen den Stb-Gruppen; ab * noch 3 x wdh, die Rd mit 1 Km in die 1. Km der Rd schließen.
Den hellgrünen Faden abschneiden und sichern. Den schwarzen Faden mit 1 Km an der Km am Ende der Vorrd anschlingen.
4. Runde: 5 fM um den 5-Lm-Bg der Vorrd, 3 Lm, 1 Km in die 1. dieser 3 Lm (= 1 Picot), 6 fM um den 5-Lm-Bogen der Vorrd, 1 fM in die fM zwischen den Blütenblättern, * 6 fM um den 5-Lm-Bogen, 1 Picot, 6 fM um den 5-Lm-Bogen, 1 fM in die fM zwischen den Blütenblättern; ab * noch 3 x wdh, die Rd mit 1 Km in die 1. Km der Rd schließen.
Den Faden abschneiden und sichern. Die Fadenenden vernähen.
Die Blüte auf die Mütze nähen (siehe Foto).

KRAGEN
Je nach gewünschter Kragenweite 70 oder 80 Lm in Orange anschl und mit 1 Km in die 1. Lm zum Ring schließen.
1. Runde: 3 Lm (für das 1. Stb), je 1 Stb in die 4. Lm von der Häkelnd aus und in jede folg Lm bis Rd-Ende, die Rd mit 1 Km in die oberste der 3 Anfangs-Lm schließen.
Nun in Reliefstäbchen (siehe Seite 114) weiterhäkeln wie folgt:
2. Runde: 3 Lm (für das 1. Stb), * 1 RStbv um das nächste Stb der Vorrd, 1 RStbh um das folg Stb; ab * fortlfd wdh bis Rd-Ende, die Rd mit 1 Km in die oberste der 3 Anfangs-Lm schließen.
Die 2. Rd noch 5 x (oder beliebig oft) wdh, dabei nach einigen Rd zu Pink wechseln und die restl RStb-Rd in Pink häkeln.
8. Runde: 3 Lm (für das 1. Stb), 1 Stb in jedes RStb der Vorrd, die Rd mit 1 Km in die oberste der 3 Anfangs-Lm schließen.
Den pinkfarbenen Faden abschneiden und sichern. Den weißen Faden an der obersten Anfangs-Lm der Vorrd anschlingen.
9. Runde (Weiß): 3 Lm (für das 1. Stb), 4 Stb in dieselbe Lm der Vorrd, 1 Lm, 4 Stb der Vorrd übergehen, * 5 Stb ins nächste Stb, 1 Lm, 4 Stb der Vorrd übergehen; ab * fortlfd wdh bis Rd-Ende, die Rd mit 1 Km in die oberste der 3 Anfangs-Lm schließen. (Falls der Rapport am Rd-Ende nicht genau aufgeht, übergehst du evtl. das eine oder andere Mal nur 3 Stb zwischen den 5-Stb-Fächern.)
Den weißen Faden abschneiden und sichern. Den hellgrünen Faden an der obersten Anfangs-Lm der Vorrd anschlingen.
10. Runde (Hellgrün): 5 Lm, 4 zus abgem DStb in die folg 4 Stb der Vorrd, 8 Lm, * 5 zus abgem DStb in die 5 Stb des nächsten Fächers, 8 Lm; ab * fortlfd wdh bis Rd-Ende, die Rd mit 1 Km in die oberste der 5 Wende-Lm schließen.

Den hellgrünen Faden abschneiden und sichern. Den schwarzen Faden an der obersten Anfangs-Lm der Vorrd anschlingen.
11. Runde (Schwarz): 5 fM in den 8-Lm-Bogen der 10. Rd, 1 Fünffach-Stb in den 1-Lm-Bogen zwischen den Fächern der 9. Rd, 5 fM in denselben 8-Lm-Bogen der 10. Rd, 1 Lm über die Spitze des grünen Blattes, * 5 fM in den nächsten 8-Lm-Bogen der 10. Rd, 1 Fünffach-Stb in den 1-Lm-Bogen zwischen den Fächern der 9. Rd, 5 fM in denselben 8-Lm-Bogen der 10. Rd, 1 Lm; ab * fortlfd wdh bis Rd-Ende, die Rd mit 1 Km in die Spitze des 1. Blattes schließen.
Den schwarzen Faden abschneiden und sichern. Den weißen Faden am 1. Fünffach-Stb der Vorrd anschlingen.
12. Runde (Weiß): 5 Lm (für das 1. Stb + 2 Lm), [1 Stb, 2 Lm, 1 Stb, 2 Lm, 1 Stb, 2 Lm, 1 Stb] ins Abmaschglied desselben Fünffach-Stb, 2 Lm, * {1 Stb, 4 x [2 Lm, 1 Stb]} ins Abmaschglied des nächsten Fünffach-Stb, 2 Lm; ab * fortlfd wdh bis Rd-Ende, die Rd mit 1 Km ins 3. der 5 Anfangs-Lm schließen.
Den weißen Faden abschneiden und sichern. Den pinkfarbenen Faden mit 1 fM am Lm-Bogen am Beginn der Vorrd anschlingen.
13. Runde: 1 fM in denselben Lm-Bogen, 1 Stb der Vorrd übergehen, [1 fM, 1 hStb] in den nächsten 2-Lm-Bogen des 1. Fächers, [1 Stb, 2 Lm, 1 Stb] ins mittlere Stb des Fächers, [1 hStb, 1 fM] in den nächsten 2-Lm-Bogen, 2 fM in den nächsten 2-Lm-Bogen, 1 fM in den 2-Lm-Bogen zwischen den Fächern, * 2 fM in den ersten 2-Lm-Bogen des nächsten Fächers, [1 fM, 1 hStb] in den nächsten 2-Lm-Bogen, [1 Stb, 2 Lm, 1 Stb] in das mittlere Stb des Fächers, [1 hStb, 1 fM] in den nächsten 2-Lm-Bogen, 2 fM in den nächsten Lm-Bogen, 1 fM in den 2-Lm-Bogen zwischen den Fächern; ab * fortlfd wdh bis Rd-Ende, die Rd mit 1 Km in die 1. fM schließen.
Den Faden abschneiden und sichern. Die Fadenenden vernähen – fertig ist der Kragen!

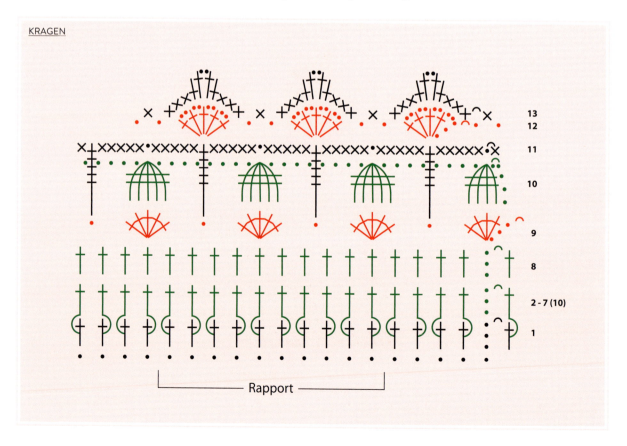

KRAGEN

Elfengleich mit Kragen

Ein wenig Metallicgarn bringt dieses Modell zauberhaft zum Glitzern – wie das Hütchen einer Elfenkönigin.

PILLBOX MADAME | ELFENGLEICH MIT KRAGEN | SCHWIERIGKEITSGRAD: ★★★

MATERIAL
- Woll- oder Wollmischgarn (LL 80 m/50 g) in Wollweiß, je 150 g für Mütze und Kragen
- Metallicgarn, silberfarben, 50 g
- Häkelnadel 4–5 mm
- Wollnadel
- Glitzersteine
- Textilkleber
- 3 große Perlmuttknöpfe
- Nähnadel und Nähgarn, farblich passend

ANLEITUNG
MÜTZE
Die Mütze in Wollweiß nach der Anleitung für das Grundmodell Madame häkeln (siehe Seite 42).
Die 9. Rd insgesamt 12 x arb.
21. Runde: * Je 1 fM in die nächsten 2 M der Vorrd, 3 Lm, 1 Km in die 1. dieser 3 Lm; ab * fortlfd wdh bis Rd-Ende, die Rd mit 1 Km in die 1. fM schließen.
Auf die vorletzte Rd Km mit Metallicgarn aufhäkeln.

BLÜTE
Mit einem magischen Fadenring in Wollweiß beginnen und häkeln wie folgt (siehe auch Häkelschrift für Blüte 1, Seite 115):
1. Runde: 10 fM in den Fadenring, die Rd mit 1 Km in die 1. fM schließen.
2. Runde: Mit 4 Lm 1 fM der Vorrd übergehen, 1 fM in die nächste fM, * mit 3 Lm 1 fM der Vorrd übergehen, 1 fM in die nächste fM; ab * noch 3 x wdh, statt der letzten fM 1 Km in die 1. der 4 Anfangs-Lm arb.
3. Runde: [1 fM, 6 Stb, 1 fM] in den 4-Lm-Bogen am Beginn der Vorrd und in jeden folg 3-Lm-Bogen, die Rd mit 1 Km in die 1. fM schließen.
In der folg Rd werden die Stege für die untere Lage Blütenblätter angelegt. Die Blüte umdrehen und auf der Rückseite arb wie folgt:
4. Runde: 1 fM zwischen die 2 fM vom Rd-Beginn und Rd-Ende der Vorrd, 5 Lm, * 1 fM zwischen die nächsten 2 fM, 5 Lm; ab * noch 3 x wdh, die Rd mit 1 Km in die 1. fM schließen.
Die Blüte wieder umdrehen und in die Lm-Bogen der Vorrd häkeln wie folgt:
5. Runde: [1 fM, 6 Stb, 3 Lm, 1 Km in die 1. dieser 3 Lm (= 1 Picot), 5 Stb, 1 fM] in jeden 5-Lm-Bogen der Vorrd, die Rd mit 1 Km in die 1. fM schließen.
Den Faden abschneiden und sichern. Die Fadenenden vernähen.
Die Stb der Blütenblätter mit Metallicgarn und Km behäkeln (siehe Häkelschrift auf Seite 115).
Eine Bommel in Wollweiß anfertigen und in die Blütenmitte nähen.

KRAGEN
Der Kragen hat die Maße 15 cm x 55 cm. Wenn er größer werden soll, schlägst du mehr Luftmaschen an und/oder arbeitest mehr Reihen.
10 Lm in Wollweiß anschl.
1. Reihe: Je 1 Stb in die 4. Lm von der Häkelnd aus und in jede folg Lm bis R-Ende.
Nun für das plastische Rippenmuster in Reliefstäbchen (siehe Seite 114) weiterhäkeln wie folgt:
2. Reihe: 3 Lm (für das 1. Stb), * 1 RStbh um das nächste Stb der Vorr, 1 RStbv um das folg Stb; ab Ü fortlfd wdh bis R-Ende.
3. Reihe: 3 Lm (für das 1. Stb), RStb häkeln wie in der 2. R, dabei die M so häkeln, wie sie erscheinen, also um ein RStb, das in dieser R nach vorne hervortritt, 1 RStbv häkeln, um ein RStb, das auf der Rückseite der Arbeit plastisch erscheint, 1 RStbh häkeln.
Die 3. R bis zu einer Höhe von 15 cm stets wdh.

Das Rechteck mit einer Fächerborte umhäkeln wie folgt und dabei am rechten Ende der oberen Längskante 3 Knopfschlaufen einarb (siehe auch Grafiken):

1. Runde: Den Faden mit 1 fM am 4. RStb vor der linken oberen Ecke anschlingen, 2 RStb übergehen, 10 Stb in die Ecke, * 1 fM in das nächste R-Ende, 6 Stb in das folg R-Ende *; von * bis * fortlfd wdh bis kurz vor das Ende der Schmalseite, 1 fM in die Schmalseite (am besten in ein R-Ende), 10 Stb in die Ecke, 2 RStb übergehen, ** 1 fM ins nächste RStb, 2 RStb übergehen, 1 fM ins nächste RStb, 6 Stb ins nächste RStb **; von ** bis ** fortlfd wdh bis kurz vor Ende der Längsseite, 1 fM in 1 RStb (idealerweise das 4. RStb vor R-Ende), 10 Stb in die Ecke; von * bis * fortlfd wdh bis kurz vor Ende der Schmalseite, 1 fM in die Schmalseite (am besten in ein R-Ende), 10 Stb in die Ecke, 2 RStb übergehen, 1 fM ins nächste RStb, *** 6 Lm, 5 RStb übergehen, 1 fM ins nächste RStb (= 1 Knopfschlaufe); ab *** noch 2 x wdh, 2 RStb übergehen, 5 Stb ins nächste RStb, 2 RStb übergehen; von ** bis ** fortlfd wdh bis Rd-Ende, die Rd mit 1 Km in die 1. fM schließen.

2. Runde: 1 Lm, * je 1 fM ins 1. und 2. Stb des nächsten Fächers, 3 Lm, 1 fM in die 1. dieser 3 Lm (= 1 Picot), je 1 fM in die nächsten 3 Stb, 1 Picot, 1 fM ins letzte Stb des Fächers *; von * bis * bei allen Fächern an den Längs- und Schmalseiten wdh, über die 10-Stb-Gruppen an den Ecken {3 x [2 fM, 1 Picot], 3 fM, 1 Picot, 1 fM} häkeln, in die Lm-Bogen der Knopfschlaufen jeweils von * bis * häkeln, die Rd mit 1 Km in die 1. fM schließen.

Den fertigen Kragen kannst du nach Belieben mit Metallicgarn behäkeln oder besticken.
Die Knöpfe gemäß Foto und Grafik annähen.
Eine Blüte häkeln, wie bei der Mütze beschrieben, und auf das Kragenende mit den Knopfschlaufen aufnähen.
Mit Textilkleber Glitzersteinchen nach Belieben auf die Blüten und/oder auf Kragen und Mütze befestigen.

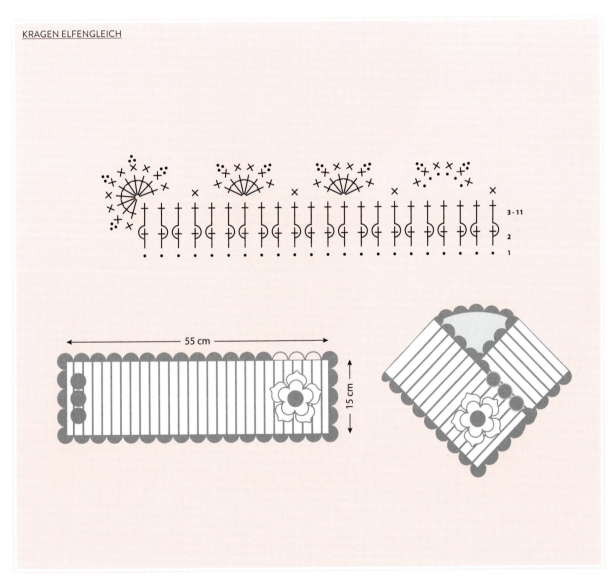

KRAGEN ELFENGLEICH

Tricolore mit Blüten

Mütze und Blüten sind in den französischen Nationalfarben Blau, Weiß und Rot gehalten, deshalb trägt dieses Modell den Namen der Flagge: Tricolore.

PILLBOX MADAME | TRICOLORE MIT BLÜTEN | SCHWIERIGKEITSGRAD: ∗∗

MATERIAL
- Woll- oder Wollmischgarn (LL 85 m/50 g) in Blau, 100 g, sowie in Weiß und Rot, je 50 g
- Häkelnadel 4–5 mm
- Wollnadel

ANLEITUNG
Mit einem magischen Fadenring in Blau beginnen und häkeln wie folgt (siehe auch Häkelschrift zum Grundmodell Madame, Seite 42):

1. Runde: 3 Lm (für das 1. Stb), 12 Stb in den Fadenring, die Rd mit 1 Km in die oberste der 3 Anfangs-Lm schließen (= 13 M).
Nun mit Stb und RStb weiterhäkeln, dabei vorerst nur nach vorne hervortretende RStbv arb (siehe auch Seite 114):

2. Runde: 3 Lm (für das 1. Stb), 1 RStbv um das Stb an der Basis der 3 Anfangs-Lm, * 1 Stb in das nächste Stb, 1 RStbv um dasselbe Stb der Vorrd; ab * fortlfd wdh bis Rd-Ende, die Rd mit 1 Km in die oberste der 3 Anfangs-Lm schließen (= 26 M).

3. Runde: 3 Lm (für das 1. Stb), 1 Stb in die M an der Basis der 3 Anfangs-Lm, 1 RStbv um das RStbv der Vorrd, * 2 Stb in das Stb der Vorrd, 1 RStbv um das RStbv der Vorrd; ab * fortlfd wdh bis Rd-Ende, die Rd mit 1 Km in die oberste der 3 Anfangs-Lm schließen (= 39 M).

4. Runde: 3 Lm (für das 1. Stb), 1 Stb in die M an der Basis der 3 Anfangs-Lm, 1 Stb in das nächste Stb, 1 RStbv um das RStbv der Vorrd, * 2 Stb in das nächste Stb der Vorrd, 1 Stb in das folg Stb, 1 RStbv um das RStbv; ab * fortlfd wdh bis Rd-Ende, die Rd mit 1 Km in die oberste der 3 Anfangs-Lm schließen (= 52 M).

5. Runde: 3 Lm (für das 1. Stb), 1 Stb in die M an der Basis der 3 Anfangs-Lm, je 1 Stb in die nächsten 2 Stb, 1 RStbv um das RStbv der Vorrd, * 2 Stb in das nächste Stb, je 1 Stb in die nächsten 2 Stb, 1 RStbv um das RStbv der Vorrd; ab * fortlfd wdh bis Rd-Ende, die Rd mit 1 Km in die oberste der 3 Anfangs-Lm schließen (= 65 M).

6. Runde: 3 Lm (für das 1. Stb), 1 Stb in die M an der Basis der 3 Anfangs-Lm, je 1 Stb in die nächsten 3 Stb, 1 RStbv um das RStbv der Vorrd, * 2 Stb in das nächste Stb, je 1 Stb in die nächsten 3 Stb, 1 RStbv um das RStbv der Vorrd; ab * fortlfd wdh bis Rd-Ende, die Rd mit 1 Km in die oberste der 3 Anfangs-Lm schließen (= 65 M).

7. und 8. Runde: 3 Lm (für das 1. Stb), 1 Stb in jedes Stb der Vorrd, die Rd mit 1 Km in die oberste der 3 Anfangs-Lm schließen. Die 8. Rd ergibt später die scharfe Kante der Pillbox.

9. Runde: 3 Lm (für das 1. Stb), * 1 RStbh um das nächste Stb, 1 RStbv um das folg Stb; ab * fortlfd wdh bis zur letzten M, enden mit 1 RStbh um das letzte Stb, die Rd mit 1 Km in die oberste der 3 Anfangs-Lm schließen.

10.–27. Runde: Wie die 9. Rd häkeln.
Den blauen Faden abschneiden und sichern. Den roten Faden anschlingen und die 9. Rd noch 2 x wdh. Den Faden abschneiden und sichern. Die Fadenenden vernähen.

BLÜTEN
Mit rotem und weißem Garn zwei Blüten 1 und eine Blüte 2 nach der Anleitung auf Seite 115 / 116 mit Behäkelung arb und auf die Mütze nähen.

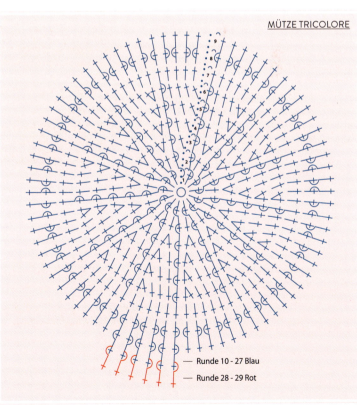

MÜTZE TRICOLORE

— Runde 10 - 27 Blau
— Runde 28 - 29 Rot

Zylinder Papillon

Modemutige Damen können sich an diesen kessen Zylinder wagen und ihn farblich passend zum Outfit gestalten. Wie alle Pillbox-Modelle habe ich ihn aus etwas festerem Garn gearbeitet.

PILLBOX MADAME | ZYLINDER PAPILLON | SCHWIERIGKEITSGRAD: ∗∗

MATERIAL
- Woll- oder Wollmischgarn (LL 85 m/50 g) in Gelb, 100 g, sowie in Petrol, 50 g, und Schwarz, Rest
- Häkelnadel 4–5 mm
- Wollnadel

ANLEITUNG

Mit einem magischen Fadenring in Gelb beginnen und häkeln wie folgt (siehe auch Häkelschrift):

1. Runde: 3 Lm (für das 1. Stb), 12 Stb in den Fadenring, die Rd mit 1 Km in die oberste der 3 Anfangs-Lm schließen (= 13 M). Nun mit Stb und RStb weiterhäkeln, dabei vorerst nur nach vorne hervortretende RStbv arb (siehe auch Seite 114):

2. Runde: 3 Lm (für das 1. Stb), 1 RStbv um das Stb an der Basis der 3 Anfangs-Lm, * 1 Stb in das nächste Stb, 1 RStbv um dasselbe Stb der Vorrd; ab * fortlfd wdh bis Rd-Ende, die Rd mit 1 Km in die oberste der 3 Anfangs-Lm schließen (= 26 M).

3. Runde: 3 Lm (für das 1. Stb), 1 Stb in die M an der Basis der 3 Anfangs-Lm, 1 RStbv um das RStbv der Vorrd, * 2 Stb in das Stb der Vorrd, 1 RStbv um das RStbv der Vorrd; ab * fortlfd wdh bis Rd-Ende, die Rd mit 1 Km in die oberste der 3 Anfangs-Lm schließen (= 39 M).

4. Runde: 3 Lm (für das 1. Stb), 1 Stb in die M an der Basis der 3 Anfangs-Lm, 1 Stb in das nächste Stb, 1 RStbv um das RStbv der Vorrd, * 2 Stb in das nächste Stb der Vorrd, 1 Stb in das folg Stb, 1 RStbv um das RStbv; ab * fortlfd wdh bis Rd-Ende, die Rd mit 1 Km in die oberste der 3 Anfangs-Lm schließen (= 52 M).

5. Runde: 3 Lm (für das 1. Stb), 1 Stb in die M an der Basis der 3 Anfangs-Lm, je 1 Stb in die nächsten 2 Stb, 1 RStbv um das RStbv der Vorrd, * 2 Stb in das nächste Stb, je 1 Stb in die nächsten 2 Stb, 1 RStbv um das RStbv der Vorrd; ab * fortlfd wdh bis Rd-Ende, die Rd mit 1 Km in die oberste der 3 Anfangs-Lm schließen (= 65 M).

6. Runde: 3 Lm (für das 1. Stb), 1 Stb in die M an der Basis der 3 Anfangs-Lm, je 1 Stb in die nächsten 3 Stb, 1 RStbv um das RStbv der Vorrd, * 2 Stb in das nächste Stb, je 1 Stb in die nächsten 3 Stb, 1 RStbv um das RStbv der Vorrd; ab * fortlfd wdh bis Rd-Ende, die Rd mit 1 Km in die oberste der 3 Anfangs-Lm schließen (= 65 M).

7. und 8. Runde: 3 Lm (für das 1. Stb), 1 Stb in jedes Stb der Vorrd, die Rd mit 1 Km in die oberste der 3 Anfangs-Lm schließen. Die 8. Rd ergibt später die scharfe Kante der Pillbox.

9. Runde: 3 Lm (für das 1. Stb), * 1 RStbh um das nächste Stb, 1 RStbv um das folg Stb; ab * fortlfd wdh bis zur letzten M, enden

mit 1 RStbh um das letzte Stb, die Rd mit 1 Km in die oberste der 3 Anfangs-Lm schließen.
10.–19. Runde (Gelb): Die 9. Rd noch 10 x wdh.
Den gelben Faden hängen lassen; den schwarzen Faden anschlingen.
20. und 21. Runde (Schwarz): Die 9. Rd noch 2 x wdh.
Den schwarzen Faden abschneiden und sichern. Den gelben Faden wieder aufnehmen.
22. und 23. Runde (Gelb): Die 9. Rd noch 2 x wdh.
24. Runde (Gelb): 3 Lm (für das 1. Stb), * 2 RStbh um das RStbh der Vorrd, 1 RStbv um das folg RStbv der Vorrd; ab * fortlfd wdh bis zur letzten M, enden mit 2 RStbh um das letzte RStbh, die Rd mit 1 Km in die oberste der 3 Anfangs-Lm schließen.
Den gelben Faden abschneiden und sichern. Den petrolfarbenen Faden anschlingen.
25. Runde (Petrol): 3 Lm (für das 1. Stb), * je 1 RStbh um die nächsten 2 RStbh der Vorrd, 1 RStbv um das folg RStbv; ab * fortlfd wdh bis zu den letzten 2 M, je 1 RStbh um die letzten 2 RStbh, die Rd mit 1 Km in die oberste der 3 Anfangs-Lm schließen.
26. Runde (Petrol): 1 Lm, * je 1 fM in die nächsten 3 M, 3 Lm, 1 Km in die 1. dieser 3 Lm (= 1 Picot); ab * fortlfd wdh bis Rd-Ende, die Rd mit 1 Km in die 1. fM schließen.

SCHLEIFE
Schleife 1 in Schwarz und Petrol häkeln, wie auf Seite 121 beschrieben (siehe auch Foto).
1. Reihe: 3 Lm (für das 1. Stb), je 1 Stb in die 4. Lm von der Häkelnd aus und in jede folg Lm bis R-Ende.
2. Reihe: 3 Lm (für das 1. Stb), je 1 Stb ins 2. Stb und in jedes folg Stb bis R-Ende.
Die 2. R so oft wdh, bis der Streifen gut doppelt so lang ist, wie die Schleife werden soll.
Den Faden abschneiden und sichern. Die Fadenenden vernähen.
In Petrol einen 2. Streifen aus Stb über 6 Lm mit einer Länge von 6 cm für die Schleifenmitte häkeln.
Die Schmalseiten des breiten Streifens zusammennähen, sodass ein Ring entsteht.
Den Ring mit der Naht nach unten flach auf die Arbeitsfläche legen, mit dem schmalen Streifen in der Mitte zusammenfassen und den schmalen Streifen auf der Rückseite der Schleife zusammennähen.

Die Schleife auf den schwarzen Streifen des Zylinders nähen.

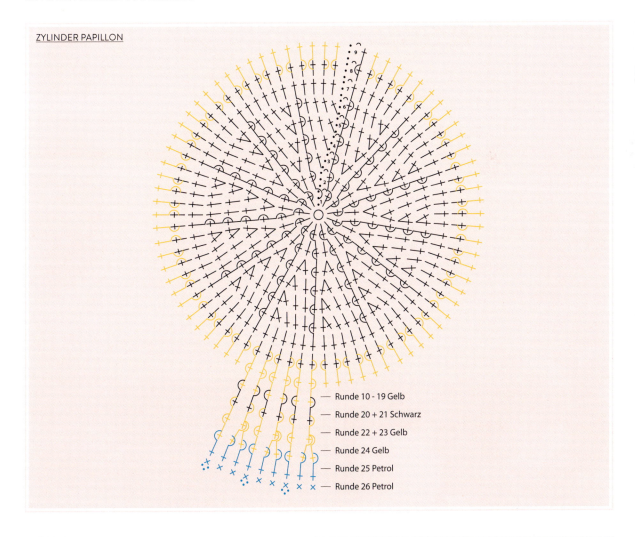

ZYLINDER PAPILLON

— Runde 10 - 19 Gelb
— Runde 20 + 21 Schwarz
— Runde 22 + 23 Gelb
— Runde 24 Gelb
— Runde 25 Petrol
— Runde 26 Petrol

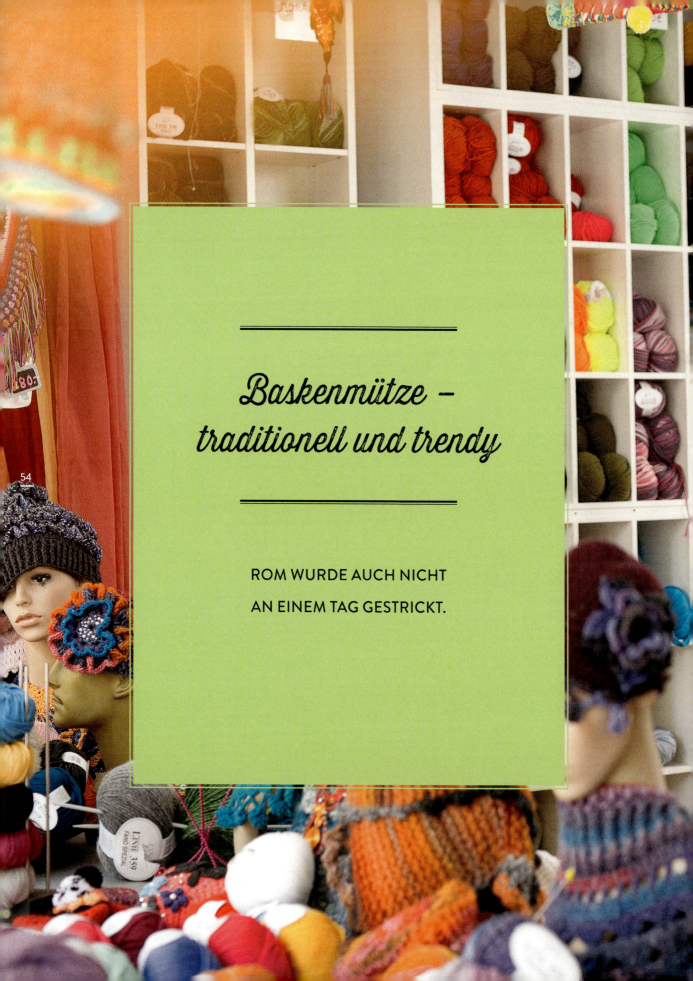

Baskenmütze – traditionell und trendy

ROM WURDE AUCH NICHT AN EINEM TAG GESTRICKT.

Grundmodell Katja

Seit mehr als 200 Jahren erfreut sich die Baskenmütze ungebrochener Beliebtheit. Deshalb darf sie hier nicht fehlen.

BASKENMÜTZE | GRUNDMODELL KATJA | SCHWIERIGKEITSGRAD: ✶✶

MATERIAL
- Woll- oder Wollmischgarn (LL 70 m/50 g) in Weinrot, 100 g
- Häkelnadel 4–5 mm
- Wollnadel

ANLEITUNG
Mit einem magischen Fadenring beginnen und häkeln wie folgt (siehe auch Häkelschrift):

1. Runde: 3 Lm (für das 1. Stb), 13 Stb in den Fadenring, die Rd mit 1 Km in die oberste der 3 Anfangs-Lm schließen (= 14 M).
2. Runde: 3 Lm (für das 1. Stb), 1 Stb in die M an der Basis der 3 Anfangs-Lm, je 2 Stb in jedes folg Stb bis Rd-Ende, die Rd mit 1 Km in die oberste der 3 Anfangs-Lm schließen (= 28 M).
3. Runde: 3 Lm (für das 1. Stb), 2 Stb ins 1. Stb der Vorrd, * 1 Stb ins nächste Stb, 2 Stb ins folg Stb; ab * fortlfd wdh bis Rd-Ende, die Rd mit 1 Km in die oberste der 3 Anfangs-Lm schließen (= 42 M).
4. Runde: 3 Lm (für das 1. Stb), 1 Stb in die M an der Basis der 3 Anfangs-Lm, je 1 Stb in die nächsten 2 Stb, * 2 Stb ins folg Stb, je 1 Stb in die nächsten 2 Stb; ab * fortlfd wdh bis Rd-Ende, die Rd mit 1 Km in die oberste der 3 Anfangs-Lm schließen (= 56 M).
5. Runde: 3 Lm (für das 1. Stb), 1 Stb in die M an der Basis der 3 Anfangs-Lm, je 1 Stb in die nächsten 3 Stb, * 2 Stb ins folg Stb, je 1 Stb in die nächsten 3 Stb; ab * fortlfd wdh bis Rd-Ende, die Rd mit 1 Km in die oberste der 3 Anfangs-Lm schließen (= 70 M).
6. Runde: 3 Lm (für das 1. Stb), 1 Stb in die M an der Basis der 3 Anfangs-Lm, je 1 Stb in die nächsten 4 Stb, * 2 Stb ins folg Stb, je 1 Stb in die nächsten 4 Stb; ab * fortlfd wdh bis Rd-Ende, die Rd mit 1 Km in die oberste der 3 Anfangs-Lm schließen (= 84 M).
7. Runde: 3 Lm (für das 1. Stb), 1 Stb in die M an der Basis der 3 Anfangs-Lm, je 1 Stb in die nächsten 5 Stb, * 2 Stb ins folg Stb, je 1 Stb in die nächsten 5 Stb; ab * fortlfd wdh bis Rd-Ende, die Rd mit 1 Km in die oberste der 3 Anfangs-Lm schließen (= 98 M).
8. Runde: 3 Lm (für das 1. Stb), 1 Stb in jedes Stb der Vorrd, dabei gleichmäßig verteilt 2 Stb zun, die Rd mit 1 Km in die oberste der 3 Anfangs-Lm schließen (= 100 M).
9. und 10. Runde: 3 Lm (für das 1. Stb), 1 Stb in jedes Stb der Vorrd, die Rd mit 1 Km in die oberste der 3 Anfangs-Lm schließen.
11. Runde: 3 Lm (für das 1. Stb), weiter Stb häkeln, dabei 20 × jedes 4. und 5. Stb zus abm, die Rd mit 1 Km in die oberste der 3 Anfangs-Lm schließen (= 80 M).

12. Runde: 3 Lm (für das 1. Stb), weiter Stb häkeln, dabei 20 x jedes 3. und 4. Stb zus abm, die Rd mit 1 Km in die oberste der 3 Anfangs-Lm schließen (= 60 M).
13. Runde: 3 Lm (für das 1. Stb), 1 Stb in jedes Stb der Vorrd häkeln, die Rd mit 1 Km in die oberste der 3 Anfangs-Lm schließen.

Für das Bündchen wird nun ein Rippenmuster aus Reliefstäbchen (RStb; siehe Seite 114) gehäkelt:
14.–20. Runde: 3 Lm (für das 1. Stb), * 1 RStbv um das nächste Stb, 1 RStbh um das folg Stb; ab * fortlfd wdh bis Rd-Ende, die Rd mit 1 Km in die oberste der 3 Anfangs-Lm schließen.

BASKENMÜTZE

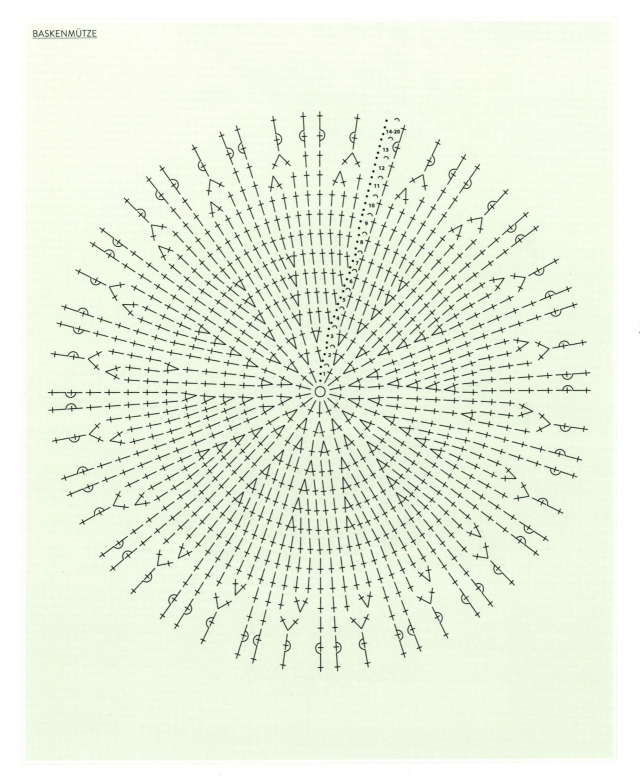

Wer nicht gerade unter einer Spinnen-Phobie leidet, wird dieses grafisch gestaltete Modell lieben: über einer Baskenmütze in klassischem Schwarz liegt ein weißes Spinnennetz. Der Kragen ist perfekt darauf abgestimmt.

BASKENMÜTZE | SPINNENNETZ MIT KRAGEN | SCHWIERIGKEITSGRAD: **

MATERIAL
- Woll- oder Wollmischgarn (LL 70 m/50 g)
  Für die Mütze: in Schwarz, 100 g, und in Weiß, 50 g
  Für den Kragen: in Schwarz 150 g, und in Weiß, 50 g
- Häkelnadel 4–5 mm
- Wollnadel

ANLEITUNG

MÜTZE
In Schwarz eine Baskenmütze nach der Anleitung für das Grundmodell Katja häkeln (siehe Seite 56).

SPINNENNETZ
Das Spinnennetz wird direkt an die Baskenmütze angehäkelt. Den weißen Faden mit 1 Km an einem RStbv (also an einem Reliefstäbchen, das nach außen hervortritt) anschlingen.
1. Runde: 12 Lm (für 1 DStb + 7 Lm), * 1 DStb ins 4. folg RStb (= wieder ein RStbv), 7 Lm; ab * noch 13 x wdh bis Rd-Ende, die Rd mit 1 Km in die 5. der 12 Anfangs-Lm schließen.
2. Runde: 13 Lm (für 1 DStb + 8 Lm), * 1 DStb ins nächste DStb der Vorrd, 8 Lm; ab * noch 13 x wdh bis Rd-Ende, die Rd mit 1 Km in die 5. der 13 Anfangs-Lm schließen.
3. Runde: 12 Lm (für 1 DStb + 7 Lm), * 1 DStb ins nächste DStb der Vorrd, 7 Lm; ab * noch 13 x wdh bis Rd-Ende, die Rd mit 1 Km in die 5. der 12 Anfangs-Lm schließen.
4. Runde: 10 Lm (für 1 DStb + 5 Lm), * 1 DStb ins nächste DStb der Vorrd, 5 Lm; ab * noch 13 x wdh bis Rd-Ende, die Rd mit 1 Km in die 5. der 10 Anfangs-Lm schließen.
5. Runde: 7 Lm (für 1 DStb + 2 Lm), * 1 DStb ins nächste DStb der Vorrd, 2 Lm; ab * noch 13 x wdh bis Rd-Ende, die Rd mit 1 Km in die 5. der 7 Anfangs-Lm schließen.
6. Runde: 5 Lm (für 1 DStb), 1 DStb in jedes DStb der Vorrd, die Rd mit 1 Km in die 5. der 13 Anfangs-Lm schließen.
Den Faden abschneiden und sichern. Die Fadenenden vernähen.

KRAGEN
70 Lm sehr locker anschl (evtl. nur für den Lm-Anschlag eine Häkelnd 6 mm verwenden) und mit 1 Km in die 1. Lm zum Ring schließen.
1. Runde: 3 Lm (für das 1. Stb), je 1 Stb in die 4. Lm von der Häkelnd aus und in jede folg Lm bis Rd-Ende, die Rd mit 1 Km in die oberste der 3 Anfangs-Lm schließen (= 70 M).

Nun in Reliefstäbchen (RStbv und RStbh; siehe Erklärung auf Seite 114) weiterhäkeln:
2. Runde: 3 Lm (für das 1. Stb), * 1 RStbv um den Stiel des nächsten Stb der Vorrd, 1 RStbh um den Stiel des folg Stb; ab * fortlfd wdh bis Rd-Ende, die Rd mit 1 Km in die oberste der 3 Anfangs-Lm schließen.
Die 2. Rd beliebig oft wdh, bis der Kragen die gewünschte Höhe hat. (Mein Kragen ist bis hierher insgesamt 6 Rd hoch.)
7. Runde: 3 Lm (für das 1. Stb), 1 Stb in jedes RStb der Vorrd, die Rd mit 1 Km in die oberste der 3 Anfangs-Lm schließen.
8. Runde: 3 Lm (für das 1. Stb), je 1 Stb in die nächsten 5 Stb, 2 Stb ins folg Stb, * je 1 Stb in die nächsten 6 Stb, 2 Stb ins folg Stb; ab * fortlfd wdh bis Rd-Ende, die Rd mit 1 Km in die oberste der 3 Anfangs-Lm schließen (= 80 M).
9. Runde: 3 Lm (für das 1. Stb), je 1 Stb in die nächsten 6 Stb, 2 Stb ins folg Stb, * je 1 Stb in die nächsten 7 Stb, 2 Stb ins folg Stb; ab * fortlfd wdh bis Rd-Ende, die Rd mit 1 Km in die oberste der 3 Anfangs-Lm schließen (= 90 M).
10. Runde: 3 Lm (für das 1. Stb), je 1 Stb in die nächsten 7 Stb, 2 Stb ins folg Stb, * je 1 Stb in die nächsten 8 Stb, 2 Stb ins folg Stb; ab * fortlfd wdh bis Rd-Ende, die Rd mit 1 Km in die oberste der 3 Anfangs-Lm schließen (= 100 M).
11. Runde: 3 Lm (für das 1. Stb), je 1 Stb in die nächsten 8 Stb, 2 Stb ins folg Stb, * je 1 Stb in die nächsten 9 Stb, 2 Stb ins folg Stb; ab * fortlfd wdh bis Rd-Ende, die Rd mit 1 Km in die oberste der 3 Anfangs-Lm schließen (= 110 M).
12. Runde: 3 Lm (für das 1. Stb), 1 Stb in die Basis der 3 Anfangs-Lm, * je 1 Stb in die nächsten 6 Stb, 2 Stb ins nächste Stb; ab * fortlfd wdh bis Rd-Ende, die Rd mit 1 Km in die oberste der 3 Anfangs-Lm schließen (= 126 M).

Petra Perles Tipps

Wenn sich das Netz besonders locker um die Mütze legen soll, häkelst du in der 6. Runde statt der Doppelstäbchen Dreifachstäbchen.

Du brauchst nach der 12. Rd 126 M, damit das Gitter mit seinen 18 Speichen gut darauf passt.

GITTER (SPINNENNETZ)
Den weißen Faden mit 1 Km an einem RStbv der letzten RStb-Rd des Kragens anschlingen.

1. Runde: 11 Lm (für 1 DStb + 6 Lm), * 1 DStb ins 4. folg RStb (= wieder ein RStbv), 6 Lm; ab * noch 17 x wdh, die Rd mit 1 Km in die 5. der 11 Anfangs-Lm schließen (= 18 Speichen).

2. Runde: 11 Lm (für 1 DStb + 6 Lm), * 1 DStb ins nächste DStb der Vorrd, 6 Lm; ab * noch 16 x wdh, die Rd mit 1 Km in die 5. der 11 Anfangs-Lm schließen.

In der nächsten Rd wird das Gitter an die 126 M der letzten Kragenrd angehäkelt.

3. Runde: 5 Lm (für das 1. DStb), je 1 fM in die entsprechenden 7 Stb der 12. Kragenrd, * 1 DStb ins nächste DStb der Vorrd des Gitters, je 1 fM in die nächsten 7 Stb der 12. Kragenrd (das Stb unter dem DStb des Gitters wird übergangen); ab * fortlfd wdh bis Rd-Ende, die Rd mit 1 Km in die oberste der 5 Anfangs-Lm schließen.

Nun ist das weiße Gitter mit dem schwarzen Untergrund verbunden.

4. Runde: 3 Lm (für das 1. Stb), je 1 Stb in die nächsten 7 fM, * 2 Stb in das DStb, je 1 Stb in die nächsten 7 fM; ab * fortlfd wdh bis Rd-Ende, die Rd mit 1 Km in die oberste der 3 Anfangs-Lm schließen.

Der Kragen sieht jetzt schon recht attraktiv aus, aber ich habe noch 2 Bonusrunden für dich:

5. Runde: * 1 fM ins nächste Stb, 2 Stb der Vorrd übergehen, 6 Stb ins nächste Stb, 2 Stb übergehen; ab * fortlfd wdh bis Rd-Ende, die Rd mit 1 Km in die 1. fM schließen. (Falls der Musterrapport nicht genau aufgeht, verteilst du die M am Ende etwas flexibel und lässt notfalls mal nur 1 Stb oder auch 3 Stb Abstand zwischen fM und Stb-Fächer.)

6. Runde: 1 fM in jede M der Vorrd, die Rd mit 1 Km in die 1. fM schließen.

Den Faden abschneiden und sichern. Die Fadenenden vernähen.

So könntest du deinen Kragen schon tragen. Besonders hübsch sieht er aber aus, wenn du die Oberkante mit einer Picotkante in Weiß behäkelst:

Den weißen Faden mit 1 Km an einer M der Oberkante anschlingen.

Picotrunde: * Je 1 fM in die nächsten 3 M, 3 Lm, 1 Km in die 1. dieser 3 Lm (= 1 Picot); ab * fortlfd wdh bis Rd-Ende, die Rd mit 1 Km in die 1. fM schließen. (Auch hier musst du am Rundenende 1 x 1 fM mehr vor dem nächsten Picot arb, weil die Lm-Anschlagrd ja 70 M umfasst.

Den Faden abschneiden und sichern. Die Fadenenden vernähen.

Mut zur Farbe? Statt in klassischem Schwarz-Weiß kannst du diese Mütze auch in kräftigen Tönen arbeiten, beispielsweise wie hier aus rotem Verlaufsgarn mit einem pinkfarbenen Netz.

SPINNENNETZ FÜR DIE BASKENMÜTZE

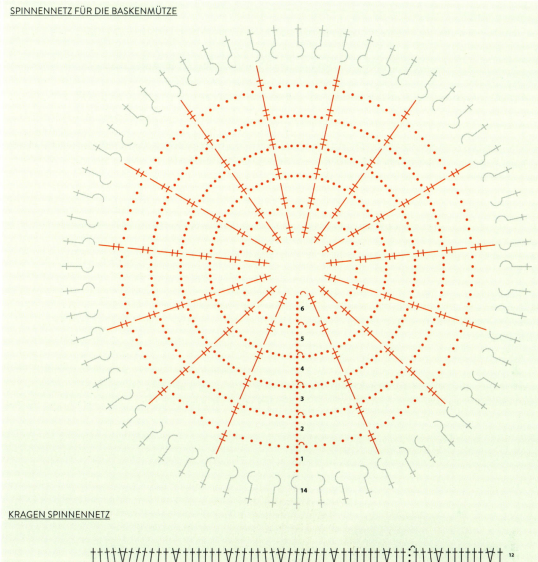

KRAGEN SPINNENNETZ

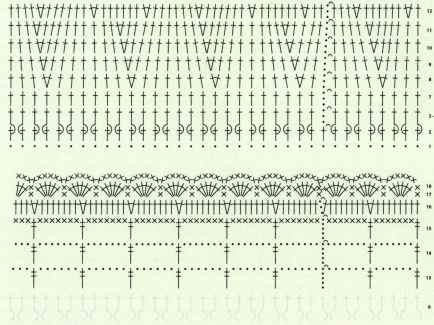

Für dieses Modell habe ich Elemente aus Uniformen aufgenommen, aber ironisch abgewandelt, so dass eine sehr feminine Mütze daraus entstanden ist, die auch in anderen Farbkombinationen sehr attraktiv wirkt.

BASKENMÜTZE | KUBA | SCHWIERIGKEITSGRAD: ✶✶

MATERIAL
- Woll- oder Wollmischgarn (LL 70–80 m/50 g) mit Farbverlauf in Schwarz-Gelb, 100 g, und in Rot, 50 g
- Häkelnadel 4–5 mm
- Wollnadel

ANLEITUNG
Die Mütze aus dem schwarz-gelben Verlaufsgarn häkeln, wie beim Grundmodell Katja beschrieben (siehe Seite 56).

STERN
Mit einem magischen Fadenring in Rot beginnen und häkeln wie folgt (siehe auch Häkelschrift auf Seite 120):

1. Runde: 3 Lm (für das 1. Stb), 14 Stb in den Fadenring, die Rd mit 1 Km in die oberste der 3 Anfangs-Lm schließen (= 15 M).
2. Runde: * 8 Lm, 1 Km in die 2. Lm von der Häkelnd aus, 1 fM in die nächste Lm, 1 hStb in die nächste Lm, je 1 Stb in die nächsten 4 Lm, 2 Stb der Vorrd übergehen, 1 fM ins nächste Stb; ab * noch 4 x wdh, statt der letzten fM 1 Km in die M an der Basis der 8 Anfangs-Lm arb.
Den Faden bis auf 30 cm zum Annähen des Sterns abschneiden und sichern. Den Anfangsfaden in der Mitte des Sterns vernähen.

Weitere 4 Sterne genauso häkeln. Die Sterne mit den Fadenenden rundum auf die Mütze nähen.

MÜTZENSCHIRM
Mit diesem sichelförmigen Schild wird aus jeder Baskenmütze eine trendige Schirmmütze.
Mit dem gewählten Garn (passend zum Garn der Mütze) 36 Lm anschl.
1. Reihe: Je 1 fM in die 2. Lm von der Häkelnd aus und in die folg 4 Lm, je 1 hStb in die nächsten 5 Lm, je 1 Stb in die nächsten 15 Lm, je 1 hStb in die nächsten 5 Lm, je 1 fM in die letzten 5 Lm; mit 1 Lm wenden (= 35 M).
2. Reihe: Die ersten 2 fM mit Km übergehen, je 1 fM in die nächsten 3 M, 2 hStb in die nächste M, 1 hStb in die folg M, 2 hStb in die nächste M, 9 x [1 Stb in die nächste M, 2 Stb in die folg M], 1 Stb in die nächste M, 2 hStb in die folg M, 1 hStb in die nächste M, 2 hStb in die folg M, je 1 fM in die nächsten 3 M; mit 1 Lm wenden (= 44 M).
In der nächsten Rd keine Zun arb, sonst wellt sich der Schirm.
3. Runde: Die ersten 3 M mit Km übergehen, je 1 fM in die nächsten 2 M, je 1 hStb in die folg 3 M, je 1 Stb in die nächsten 28 M, je 1 hStb in die nächsten 3 M, je 1 fM in die folg 2 M, 1 Km in die nächste M.
Den Faden bis auf ein 40 cm langes Stück zum Zusammennähen abschneiden und sichern.
Ein 2. Teil genauso häkeln.
Beide Teile links auf links aufeinanderlegen und mit unsichtbaren Stichen entlang der Außenrundung zusammennähen oder mit fM zusammenhäkeln (das ergibt eine schöne Kante). Den Schirm an die Mütze nähen. Falls er zu weich ist, ein Stück Karton oder Kunststofffolie passend zuschneiden und vor dem Annähen zwischen die Lagen des Schirms schieben.

Kuba

Dieses romantisch angehauchte Modell hat seinen Namen vom österreichischen Wort für Schleife. Die pinkfarbenen Mascherl werden separat gehäkelt und auf die Mütze genäht.

BASKENMÜTZE | MASCHERL | SCHWIERIGKEITSGRAD: ✱✱

MATERIAL
- Woll- oder Wollmischgarn (LL 70–80 m/50 g) in Blau meliert, 100 g, und in Pink, 50 g
- Häkelnadel 4–5 mm
- Wollnadel

ANLEITUNG
Die Mütze aus dem blaumelierten Garn häkeln, wie beim Grundmodell Katja beschrieben (siehe Seite 56).
Den blauen Faden abschneiden und sichern. Den pinkfarbenen Faden anschlingen und 1 weitere Rd RStb häkeln wie zuvor.
Abschlussrunde: 1 Lm, * je 1 fM in die nächsten 3 M, 3 Lm, 1 Km in die 1. dieser 3 Lm (= 1 Picot); ab * fortlfd wdh bis Rd-Ende, die Rd mit 1 Km in die 1. fM schließen.
Den Faden abschneiden und sichern. Die Fadenenden vernähen.

SCHLEIFE
10 Lm in Pink anschl und mit 1 Km in die 1. Lm zum Ring schließen, weitere 10 Lm häkeln und mit 1 Km in dieselbe Lm wie zuvor zu einem 2. Ring schließen: Du hast nun eine 8 aus lauter Lm gehäkelt.
Jeweils [4 fM, 1 hStb, 10 Stb, 1 hStb, 4 fM] in den 1. und 2. Ring häkeln. Für die Schleifenenden * 10 Lm arb, je 1 Stb in die 3. Lm von der Häkelnd aus und in die nächsten 2 Lm, 1 hStb in die nächste Lm, je 1 fM in die nächsten 4 Lm; ab * noch 1 x wdh, mit 1 Km in die untere Mitte der liegenden 8 enden (siehe Häkelschrift). Den Faden lang abschneiden und sichern.
Die Schleifenmitte mit dem Fadenende umwickeln und das Fadenende auf der Rückseite der Schleife vernähen.
Weitere 4 Schleifen genauso häkeln. Die 5 Schleifen rundum auf die Mütze nähen.

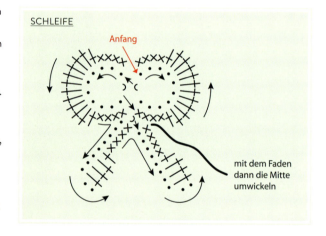

SCHLEIFE
Anfang
mit dem Faden dann die Mitte umwickeln

Mascherl

Angelika

Aus graumelierter Trachtenwolle gehäkelt, passt diese Mütze mit der hinreißend schönen Blüte in der oberen Mitte perfekt zur Tracht. In leuchtenderen Farben bekommt sie eine völlig andere Optik.

BASKENMÜTZE | ANGELIKA | SCHWIERIGKEITSGRAD: ***

MATERIAL
- Woll- oder Wollmischgarn (LL 70–80 m/50 g) in Dunkelgrau meliert, 100 g, sowie in Hellgrau und Grün, je 50 g
- Häkelnadel 4–5 mm
- Wollnadel

ANLEITUNG
Die Mütze aus dunkelgraumeliertem Garn nach der Anleitung für das Grundmodell Katja häkeln (siehe Seite 56).
Den dunkelgrauen Faden abschneiden und sichern. Den weißen Faden anschlingen und 1 Rd fM mit Picots häkeln:
Abschlussrunde: 1 Lm, * 3 fM, 3 Lm, 1 Km in die 1. dieser 3 Lm (= 1 Picot); ab * fortlfd wdh bis Rd-Ende, die Rd mit 1 Km in die 1. fM schließen.
Den Faden abschneiden und sichern. Die Fadenenden vernähen.

BLÜTE ANGELIKA
Siehe auch Häkelschrift auf Seite 118.
Mit einem magischen Fadenring in Dunkelgrau beginnen.
1. Runde: 3 Lm (für das 1. Stb), 15 hStb in den Ring, die Rd mit 1 Km in die oberste der 3 Anfangs-Lm schließen. Den Faden abschneiden und sichern.
In der nächsten Rd häkelst du 8 große Schlaufen mit jeweils 15 Lm.
2. Runde: * Mit 15 Lm 1 hStb übergehen, 1 fM ins nächste hStb; ab * noch 7 x wdh, die Rd mit 1 Km in die 1. fM schließen.
3. Runde: 3 Lm, [8 Stb, 2 Lm, 9 Stb] in die Schlaufe häkeln. 1 tief gestochenes (tg) Stb in die 1. Runde, genau dort, wo die fM der 2. Runde fixiert ist, * [9 Stb, 2 Lm, 9 Stb] in die nächste Schlaufe häkeln. 1 tief gestochenes (tg) Stb in die 1. Runde, genau dort, wo die fM der 2. Runde fixiert ist; ab * noch 6 x wdh, die Rd mit 1 Km in die oberste der 3 Anfangs-Lm schließen.
Den dunkelgrauen Faden abschneiden und sichern. Den grünen Faden rechts an der Basis des 1. Blütenblattes anschlingen.
4. Runde (Grün): * Je 1 fM in die ersten 9 Stb des Blütenblattes, [2 fM, 2 Lm, 2 fM] in den 2-Lm-Bogen an der Spitze des Blütenblattes, je 1 fM in die nächsten 9 Stb, * je 1 fM in die ersten 9 Stb des nächsten Blütenblattes, [2 fM, 2 Lm, 2 fM] in den 2-Lm-Bogen an der Spitze des Blütenblattes, je 1 fM in die nächsten 9 Stb; ab * noch 6 x wdh, die Rd mit 1 Km in die 1. fM schließen.
Den grünen Faden abschneiden und sichern. Die nächste Rd ist ein bisschen knifflig, aber mit ein bisschen Übung leicht zu meistern. Schau dir einfach das Foto und die Häkelschrift genau an. Die Mühe des Ausprobierens und Übens lohnt sich!
5. Runde (Weiß): Alle Blütenblätter um 180° in eine Richtung drehen (eventuell mit Stecknadeln fixieren), so dass man an der Spitze die Rückseite des Blütenblattes sieht. Mit dem weißen Faden jeweils 6 fM in die aufsteigende Seite einer umgedrehten Spitze häkeln, 2 Lm als neue Spitze arb, wieder ansteigend 6 fM und zum nächsten Blütenblatt übergehen, das auch schon in dieselbe Richtung gedreht ist; so weiterhäkeln bis Rd-Ende, die Rd mit 1 Km in die 1. fM schließen. Den Faden abschneiden und sichern.
Die fertige Blüte nähst du in die Mitte der Baskenmütze.

BAND
In Hellgrau ca. 65 Lm anschl (die Lm-Kette soll locker um den Kopf passen).
1. Runde: 3 Lm, je 1 Stb in die 4. Lm von der Häkelnd aus und in jede folg Lm bis R-Ende.
Den Faden abschneiden und sichern.
Das Band durch die M an der Oberkante des Rippenbündchens fädeln und die Enden im Inneren der Mütze zusammennähen.

Helmi – ein vielseitiges Modell

WER DIE MASCHE NICHT EHRT,
IST DIE WOLLE NICHT WERT.

Grundmodell Helmi

Ausgangsform ist ein Strickschlauch im Rippenmuster 2 Maschen rechts, 2 Maschen links, der sich auf vielfältige Weise abwandeln lässt.

STRICKMÜTZE HELMI | GRUNDMODELL HELMI | SCHWIERIGKEITSGRAD: *

MATERIAL
- Woll- oder Wollmischgarn (LL 70–80 m/50 g) in Weinrot, 100 g
- Rundstricknadel 3,5–4,5 mm, 40 cm lang
- Wollnadel

ANLEITUNG
Je nach Kopfgröße 80–88 M locker anschl. Die M-Zahl muss durch 4 teilbar sein.
1. Runde: * 2 M re, 2 M li; ab * fortlfd wdh bis Rd-Ende.
Diese Rd bis zu einer Höhe von 19 cm oder bis zur gewünschten Höhe stets wdh.
Alle M mustergemäß abk.
Du kannst den Schlauch nun als Mütze tragen, wie er ist, ohne die obere Öffnung zu schließen. Dann kannst du ihn auch mal als wärmenden Kragen über den Hals ziehen. Aber natürlich kannst du genauso gut die obere Kante zusammenziehen, die Mütze mit einem Stricklieselband, einer Kordel oder einer Häkelschnur einige Zentimeter unterhalb der Oberkante abbinden und das Band zu einer dekorativen Schleife binden. Weitere Variationsmöglichkeiten findest du auf den nächsten Seiten.

Bardane

Die lustigen Bommeln auf dieser Mütze erinnern an Kletten. Band und Schleife sind weitere Deko-Elemente.

STRICKMÜTZE HELMI | BARDANE | SCHWIERIGKEITSGRAD: ∗∗

MATERIAL
- Woll- oder Wollmischgarn (LL 70–80 m/50 g) in Dunkelrot, 100 g, sowie in Grün meliert, 50 g
- Rundstricknadel 3,5–4,5 mm, 40 cm lang
- Häkelnadel 4–5 mm
- Wollnadel

ANLEITUNG
Die Mütze bis zum Ende der 10. Rd str, wie beim Grundmodell Helmi beschrieben (siehe Seite 70).
In die nächste Rd arbeitest du die Löcher für den Banddurchzug ein:
11. Runde (Lochrd): * 2 M re, 1 U, 2 M li zusstr; ab * fortlfd wdh bis Rd-Ende.
Weitere 20 Rd im Rippenmuster weiterstr wie in den ersten 10 Rd. Dann M abn wie folgt:
32. Runde (Abn-Rd): * 2 M re, 2 M li zusstr; ab * fortlfd wdh bis Rd-Ende.
6 Rd 2 M re, 1 M li im Wechsel str.
38. Runde (Abn-Rd): * 2 M re zusstr, 1 M li; ab * fortlfd wdh bis Rd-Ende.
6 Rd 1 M re, 1 M li im Wechsel str.

Den Faden lang abschneiden. Das lange Fadenende 2 x durch die verbleibenden M führen, die M damit fest zusammenziehen und das Fadenende im Inneren der Mütze vernähen.

SCHLEIFE
Aus dem grünmelierten Garn eine Schleife 2 anfertigen, wie auf Seite 121 beschrieben, und auf die Mütze nähen.

BAND
Mit dem grünmelierten Garn eine Lm-Kette häkeln, die locker um den Kopf passt.
1. Reihe: 3 Lm (für das 1. Stb), je 1 Stb in die 4. Lm von der Häkelnd aus und in jede folg Lm bis R-Ende.

BOMMELN
13 Minibommeln aus grünmeliertem Garn anfertigen (siehe Express-Bommeln, Seite 123).

Das Band durch die Lochrd fädeln und die Bandenden im Inneren der Mütze zusammennähen. Schleife und Bommeln auf die Mütze nähen (siehe Foto).

Herzdame

Romantisch veranlagte Gemüter können jetzt Herz zeigen: Diese Variante der Mütze Helmi ist mit Herzchenborte und plastischem Herz anstelle der traditionellen Bommel geschmückt.

STRICKMÜTZE HELMI | HERZDAME | SCHWIERIGKEITSGRAD: **

MATERIAL
- Woll- oder Wollmischgarn (LL 240 m/150 g) in Blau meliert, 150 g für die Mütze
- Woll- oder Wollmischgarn (LL 85 m/50 g) in Rot, 50 g für Borte und Herz
- Rundstricknadel 3,5–4,5 mm, 40 cm lang
- Häkelnadel 4–5 mm
- Wollnadel
- Füllwatte oder Garnreste zum Ausstopfen des Herzens

ANLEITUNG
Je nach Kopfgröße 80–88 M mit dem blaumelierten Garn locker anschl. Die M-Zahl muss durch 4 teilbar sein.
1. Runde: * 2 M re, 2 M li; ab * fortlfd wdh bis Rd-Ende. Diese Rd noch 39 x wdh.
Die Abn arb und die Mütze beenden, wie beim Modell Bardane (Seite 71) ab der 32. Rd beschrieben.

HERZCHENBORTE
Mit dem roten Garn 84 Lm anschl. (Die Lm-Kette kann bei Bedarf auch länger oder kürzer werden, doch die M-Zahl muss durch 6 teilbar sein.)

1. Reihe: * 2 Lm übergehen, [4 Stb, 3 Lm, 1 Km in die 1. dieser 3 Lm (= 1 Picot), 3 Stb] in die nächste Lm, 2 Lm der Anschlagkette übergehen, 1 Km in die nächste Lm; ab * noch 13 x wdh. Die Arbeit drehen und über die andere Seite der Lm-Anschlagkette weiterhäkeln wie folgt:
2. Reihe: 1 fM in die 1. Lm, * 2 Lm übergehen, [2 Stb, 3 Lm, 1 Km, 3 Lm, 1 Stb] in die nächste Lm (= die Lm, in die auf der anderen Seite bereits eine Stb-Gruppe gehäkelt wurde), 2 Lm übergehen, 1 fM in die nächste Lm; ab * noch 13 x wdh. Den Faden abschneiden und sichern. Die Fadenenden vernähen.

PLASTISCHES HERZ
Siehe auch Häkelschrift auf Seite 123.
Das Herz beginnt mit 2 Halbkugeln, die anschließend verbunden und zur Herzspitze hin verlängert werden.
Mit einem magischen Fadenring in Rot beginnen und häkeln wie folgt (siehe auch Häkelschrift):
1. Runde: 8 fM in den Fadenring, die Rd mit 1 Km in die 1. fM schließen.
2. Runde: * Je 1 fM in die nächste fM, 2 fM in die folg fM; ab * noch 3 x wdh, die Rd nicht schließen, sondern in Spiralrd weiterhäkeln (= 12 M).
3. und 4. Runde (Spiralrd): Jeweils 12 fM häkeln. Den Faden abschneiden und sichern.
Eine 2. Halbkugel genauso häkeln, doch am Ende den Faden nicht abschneiden.
Beide Halbkugeln Kante an Kante halten und über 4 M hinweg mit fM zusammenhäkeln, dann fM in Spiralrd über die Außenkante beider Halbkugeln weiterarb. An der Verbindungsstelle beider Halbkugeln jeweils 2 fM zus abk: So nimmt die M-Zahl in jeder Rd um 2 ab, und die Herzspitze entsteht. Bevor sich die Spitze schließt, das Herz mit Garnresten oder Füllwatte fest ausstopfen, dann die letzten Rd bis zur Spitze häkeln.
Den Faden abschneiden und sichern. Die Fadenenden vernähen.

Den Rand der Mütze nach außen umschlagen und die Herzchenborte daraufnähen. Das plastische Herz auf die Spitze der Mütze nähen.

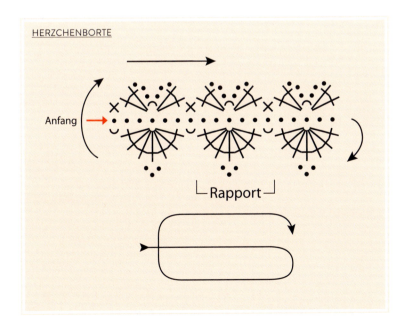

Herzzopf

Zwei rote Herzen als Ohrenklappen: eine neue Interpretation der traditionellen Inkamütze.

STRICKMÜTZE HELMI | HERZZOPF | SCHWIERIGKEITSGRAD: ✱✱

MATERIAL
- Woll- oder Wollmischgarn (LL 240 m/150 g) in Grün und Rot, je 150 g
- Rundstricknadel 3,5–4,5 mm, 40 cm lang
- Häkelnadel 4–5 mm
- Wollnadel

ANLEITUNG
Je nach Kopfgröße 80–88 M locker anschl. Die M-Zahl muss durch 4 teilbar sein.
1. Runde: * 2 M re, 2 M li; ab * fortlfd wdh bis Rd-Ende. Diese Rd noch 33 x wdh (ca. 17 cm Gesamthöhe).
35. Runde: * 2 M re, 2 M li zusstr; ab * fortlfd wdh bis Rd-Ende. Weitere 16 Rd mit Abn str, wie eingeteilt (ca. 9 cm). Die Oberkante der Mütze mit einer Picotkante in Rot behäkeln wie folgt:
Picotrunde: Den roten Faden an der Mützenkante anschlingen. * Je 1 fM in die nächsten 4 M, 3 Lm, 1 Km in die 1. dieser 3 Lm (= 1 Picot); ab * fortlfd wdh bis Rd-Ende. Den Faden abschneiden und sichern. Die Fadenenden vernähen. Auf Höhe der 44. Rd einen doppelten Faden in Grün durch die Rippen des Strickmusters führen, die Mütze damit fest zusammenziehen, die Fadenenden verknoten und im Inneren der Mütze vernähen.

HERZEN ALS OHRENKLAPPEN
2 plastische Herzen nach der Anleitung auf Seite 123 häkeln, jedoch nicht mit Füllwatte ausstopfen.
Die Herzen rechts und links auf Höhe der Ohren an die Mütze nähen (am besten anprobieren).

ZÖPFE
Zwei dicke, 14 cm lange Zöpfe aus 15 jeweils 20 cm langen Fäden des roten Garns flechten, am oberen und unteren Ende fest abbinden und die Zöpfe unter den Herzen an die Mütze nähen.

Muschelbogen

Colourblocking ist Trend. Diese Mütze wird in breiten Farbstreifen gestrickt und mit einer kontrastfarbenen Muschelkante verziert.

STRICKMÜTZE HELMI | MUSCHELBOGEN | SCHWIERIGKEITSGRAD: *

MATERIAL
- Woll- oder Wollmischgarn (LL 70–80 m/50 g) in Hellgrau, Hellblau, Weiß und Orange, je 50 g
- Rundstricknadel 3,5–4,5 mm, 40 cm lang
- Häkelnadel 4–5 mm
- Wollnadel

ANLEITUNG
Je nach Kopfgröße in Hellgrau 80–88 M locker anschl. Die M-Zahl muss durch 4 teilbar sein.
1. Runde: * 2 M re, 2 M li; ab * fortlfd wdh bis Rd-Ende. Diese Rd bis zu einer Höhe von 9 cm stets wdh.
Zu Hellblau wechseln und weitere 8 cm im Rippenmuster str.
Nächste Runde (Abn-Rd): * 2 M re, 2 M li zusstr; ab * fortlfd wdh bis Rd-Ende.
Mustergemäß weiterstr bis zu einer Gesamthöhe von 24 cm. Zu Weiß wechseln und 3 cm mustergemäß str. Alle M abk.

MUSCHELKANTE
Siehe auch Häkelschrift auf Seite 122.

Die Unterkante der Mütze mit einer Muschelkante in Orange und Weiß behäkeln.
Den Faden in Orange mit 1 fM an einer M der letzten Rd anschlingen und häkeln wie folgt (siehe auch Häkelschrift):
1. Runde (Orange): 2 M der Vorrd übergehen, {1 Stb, 4 x [2 Lm, 1 Stb]} in die nächste M, 2 M übergehen, * 1 fM in die folg M, 2 M der Vorrd übergehen, {1 Stb, 4 x [2 Lm, 1 Stb]} in die nächste M, 2 M übergehen; ab * fortlfd wdh, dabei falls nötig gegen Ende der Rd die Abstände so ausgleichen, dass die Rd nach der letzten Stb-Gruppe mit 1 Km in die 1. fM geschlossen werden kann.
Den orangefarbenen Faden abschneiden und sichern. Den weißen Faden mit 1 fM an einem 2-Lm-Bogen der Vorrd anschlingen.
2. Runde (Weiß): 3 Lm, 1 fM in denselben Bogen, jeweils [1 fM, 3 Lm, 1 fM] in jeden folg 2-Lm-Bogen bis Rd-Ende, die Rd mit 1 Km in die 1. fM schließen.
Den Faden abschneiden und sichern. Die Fadenenden vernähen.

Einen doppelten Faden in Hellblau auf Höhe der Abn-Rd durch die M der Mütze führen und die Mütze damit fest zusammenziehen. Die Fadenenden verknoten und im Inneren der Mütze vernähen.

Aquarius mit Schluckaufloop

Die Farben dieses Verlaufsgarns erinnern an Meer und Wasserpflanzen, deswegen habe ich die Mütze mit Häkellocken verziert, die ein wenig wie wogender Tang aussehen. Der Loop liegt durch das Rippenmuster besonders bequem am Hals an.

STRICKMÜTZE HELMI | AQUARIUS MIT SCHLUCKAUFLOOP | SCHWIERIGKEITSGRAD: *

MATERIAL
- Woll- oder Wollmischgarn (LL 240 m/150 g) in Grün-Blau meliert, 300 g für Mütze und Kragen
- Häkelnadel 4–5 mm
- Wollnadel

ANLEITUNG

MÜTZE
Je nach Kopfgröße 80–88 M locker anschl. Die M-Zahl muss durch 4 teilbar sein.
1. Runde: * 2 M re, 2 M li; ab * fortlfd wdh bis Rd-Ende.
Die 1. Rd stets wdh bis zu einer Gesamthöhe von 17 cm.
Die Mütze beenden, wie beim Modell Bardane (siehe Seite 71) ab der 32. Rd beschrieben.

LOCKEN
Für jede Locke eine 13 cm lange Lm-Kette anschl. Die Arbeit wenden und je 2 Stb in die 4. Lm von der Häkelnd aus und in jede weitere Lm bis R-Ende häkeln. Den Faden abschneiden und sichern. Die Fadenenden vernähen.
Beliebig viele Locken häkeln und als Büschel in der oberen Mitte der Mütze annähen.

SCHLUCKAUFLOOP
60 M anschl.
1. Reihe: * 2 M li, 2 M re; ab * fortlfd wdh bis R-Ende.
Die 1. R stets wdh bis zu einer Höhe von 60 cm.
Alle M mustergemäß abk.
Das Rechteck gemäß Grafik (siehe Seite 10) falten und auf 15 cm Länge zusammennähen.
Dann beide Kanten jeweils mit der Häkelborte umranden wie folgt:
1. Runde: Gleichmäßig verteilt fM in die Kante häkeln, die Rd mit 1 Km in die 1. fM schließen.
2. Runde: 5 Lm (für das 1. DStb), 2 DStb in die fM an der Basis der 5 Anfangs-Lm, 3 Lm, 1 Km in die 1. dieser 3 Lm (= 1 Picot), 2 DStb in dieselbe fM, 9 Lm, 1 fM zurück in die oberste der 5 Anfangs-Lm, 11 fM in den 9-Lm-Bogen, 5 fM der Kante übergehen, * [3 DStb, 1 Picot, 3 DStb] in die nächste fM der Kante, 9 Lm, 1 fM zurück ins 1. DStb dieses Fächers, 11 fM in den 9-Lm-Bogen, 5 fM der Kante übergehen; ab * fortlfd wdh bis Rd-Ende, die Rd mit 1 Km in die oberste der 5 Anfangs-Lm schließen.

Falls der Musterrapport am Rd-Ende nicht genau aufgeht, musst du mit dem Abstand der Fächer ein wenig improvisieren. Glaub mir: Das sieht später kein Mensch!
Achtung! Arbeite die Borten so, dass nach dem Umklappen des Loops bei beiden die rechte Seite zu sehen ist.

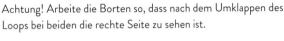

Du trägst dein Haar modisch kurz, möchtest aber auch einmal zum Dirndl eine Frisur mit üppigem Zopf tragen? Dann ist diese Mütze genau das Richtige für kühle Tage.

STRICKMÜTZE HELMI | FRIDA | SCHWIERIGKEITSGRAD: **

MATERIAL
- Woll- oder Wollmischgarn (LL ca. 125 m/50 g) in Beige, 150 g
- Woll- oder Wollmischgarn (LL 70–80 m/50 g) in Rosa und Hellgrün, Reste
- Rundstricknadel 3,5–4,5 mm, 40 cm lang
- Häkelnadel 4–5 mm
- Wollnadel
- Satinband in Rosa, 15 mm breit, 3 m lang

ANLEITUNG
Die Mütze wird mit doppeltem Faden aus 2 Knäueln des beigefarbenen Garns gestrickt. Den 3. Knäuel brauchst du für den Zopf.
Mit doppeltem Faden 88 M anschl.
1. Runde: * 2 M li, 2 M re; ab * fortlfd wdh bis Rd-Ende.
Diese Rd stets wdh bis zu einer Höhe von 13 cm.
Nächste Runde (Abn-Rd): * 2 M li, 2 M re zusstr; ab * fortlfd wdh bis Rd-Ende (= 66 M).
Nächste Runde: * 2 M li, 1 M re; ab * fortlfd wdh bis Rd-Ende.
In dieser Einteilung weitere 4 cm str.
Nächste Runde (Abn-Rd): * 2 M li zusstr, 1 M re; ab * fortlfd wdh bis Rd-Ende (= 44 M).
Nächste Runde: * 1 M li, 1 M re; ab * fortlfd wdh bis Rd-Ende.
In dieser Einteilung weitere 3 cm str.
Den Faden bis auf ein 30 cm langes Fadenende abschneiden. Das Fadenende in die Wollnadel einfädeln, 2 x durch die verbleibenden 44 M führen, fest zusammenziehen und im Inneren der Mütze vernähen.

ZOPF
Das Garn des 3. Knäuels in Beige um einen 40 cm langen, flachen Gegenstand wickeln. (Ich habe ein Tablett verwendet, aber ein Buch passender Größe eignet sich auch.) Die Fadenwicklungen an einer Kante fest abbinden, in 3 Stränge aufteilen und zusammen mit jeweils 1 Stück Satinband je Strang zu einem festen Zopf flechten. Am besten bittest du jemanden, das Ende des Zopfes festzuhalten, während du die Stränge flichtst.
Den Zopf legst du probehalber auf die Mütze, schneidest ihn auf die gewünschte Länge ab und bindest das Ende mit einem Faden sehr fest ab. Dann heftest und nähst du ihn auf die Mütze.

BLÜTEN
In Rosa und Grün 2 Rosenblüten häkeln.
Mit einem magischen Fadenring in Rosa beginnen und häkeln wie folgt (siehe auch Häkelschrift für Blüte 3, Seite 116):
1. Runde: 10 fM in den Fadenring, die Rd mit 1 Km in die 1. fM schließen.
2. Runde: 4 Lm, 1 fM der Vorrd übergehen, * 1 fM in die nächste M, 3 Lm, 1 fM der Vorrd übergehen; ab * noch 3 x wdh, die Rd mit 1 Km in die 1. Lm der Rd schließen.
3. Runde: [1 fM, 6 Stb, 1 fM] in jeden Lm-Bogen bis Rd-Ende, die Rd mit 1 Km in die 1. fM schließen
Nun Stege für die nächste Lage an Blütenblättern anlegen. Dazu die Blüte umdrehen und auf der Rückseite arb wie folgt:
4. Runde: 1 fM zwischen die letzte und die 1. fM der 3. Rd, * 5 Lm, 1 fM zwischen die nächsten 2 fM der 3. Rd; ab * noch 4 x wdh, die letzte fM durch 1 Km in die 1. fM der Rd ersetzen.
Die Blüte wieder umdrehen und die 5. Rd von der rechten Seite der Arbeit aus häkeln.
5. Runde: [1 fM, 8 Stb, 1 fM] in jeden Lm-Bogen der 4. Rd, die Rd mit 1 Km in die 1. fM schließen.
Den Faden in Rosa abschneiden und sichern.
In der folg Rd werden die Stege für die 3. Blattrunde in Grün angelegt. Die Blüte umdrehen und von der linken Seite der Arbeit aus mit grünem Garn häkeln:
6. Runde: 1 fM zwischen die letzte und die 1. fM der 5. Rd, * 7 Lm, 1 fM zwischen die nächsten 2 fM der 5. Rd; ab * noch 4 x wdh, die letzte fM durch 1 Km in die 1. fM der Rd ersetzen.
Die Blüte wieder umdrehen und die Abschlussrd von der rechten Seite aus häkeln:
7. Runde: [1 fM, 6 Stb, 3 Lm, 1 Km in die 1. dieser 3 Lm (= 1 Picot), 5 Stb, 1 fM] in jeden der 5 Lm-Bogen bis Rd-Ende häkeln, die Rd mit 1 Km in die 1. fM der Rd schließen.
Den Faden abschneiden und sichern. Die Fadenenden vernähen.

Frida

Coole Beanies

ALS GOTT DIE WELT ERSCHUF, SCHUF ER MANN UND FRAU. UM DAS GANZE VOR DEM UNTERGANG ZU BEWAHREN, ERFAND ER DAS STRICKZEUG.

Grundmodell Schatzi

Diese besonders bequeme Mützenform hängt am Hinterkopf leicht über und bietet neben dem Coolness-Faktor Platz für einen Haarknoten oder Pferdeschwanz.

COOLE BEANIES | GRUNDMODELL SCHATZI | SCHWIERIGKEITSGRAD: *

MATERIAL
- Woll- oder Wollmischgarn (LL 70–80 m/50 g) in Weinrot, 100 g
- Häkelnadel 4–5 mm
- Wollnadel

ANLEITUNG
Mit einem magischen Fadenring in Weinrot beginnen und häkeln wie folgt (siehe auch Häkelschrift):

1. Runde: 3 Lm (für das 1. Stb), 15 Stb in den Fadenring, die Rd mit 1 Km in die oberste der 3 Anfangs-Lm schließen (= 16 M).

2. Runde: 3 Lm (für das 1. Stb), 1 Stb in die M an der Basis der 3 Anfangs-Lm, je 2 Lm in jede folg M der Vorrd, die Rd mit 1 Km in die oberste der 3 Anfangs-Lm schließen (= 32 M).

3. Runde: 3 Lm (für das 1. Stb), * je 1 Stb in die nächsten 3 M, 2 Stb in die folg M; ab * fortlfd wdh, enden mit je 1 Stb in die letzten 3 M, 1 Stb in die oberste der 3 Anfangs-Lm der Vorrd, die Rd mit 1 Km in die oberste der 3 Anfangs-Lm schließen (= 40 M).

4. Runde: 3 Lm (für das 1. Stb), * je 1 Stb in die nächsten 3 M, 2 Stb in die folg M; ab * fortlfd wdh, enden mit je 1 Stb in die letzten 3 M, 1 Stb in die oberste der 3 Anfangs-Lm der Vorrd, die Rd mit 1 Km in die oberste der 3 Anfangs-Lm schließen (= 50 M).

5. Runde: 3 Lm (für das 1. Stb), * je 1 Stb in die nächsten 3 M, 2 Stb in die folg M; ab * fortlfd wdh, enden mit 1 Stb in die letzte M, die Rd mit 1 Km in die oberste der 3 Anfangs-Lm schließen (= 62 M).

Petra Perles Tipps

Wenn deine Mütze schon nach der 5. Runde mit 62 Maschen weit genug ist, häkelst du anschließend sofort in Stäbchenrunden ohne Zunahmen weiter. Eine Zahl von 55 bis 65 Maschen im Umfang hat sich bewährt. Für sehr große Köpfe oder bei sehr fester Häkeltechnik kann aber die 6. Runde als Zunahmerunde nötig sein.
Ob du 24 oder gar mehr Runden häkelst, hängt davon ab, wie lang deine Mütze werden soll. Einfach ausprobieren!

6. Runde (bei Bedarf – siehe Tipp): 3 Lm (für das 1. Stb), * je 1 Stb in die nächsten 3 M, 2 Stb in die folg M; ab * fortlfd wdh, enden mit je 1 Stb in die letzten 5 M, die Rd mit 1 Km in die oberste der 3 Anfangs-Lm schließen (= 76 M).

7.–24. Runde: 3 Lm (für das 1. Stb), 1 Stb in jede M der Vorrd, die Rd mit 1 Km in die oberste der 3 Anfangs-Lm schließen. Den Faden abschneiden und sichern. Die Fadenenden vernähen.

GRUNDMODELL SCHATZI

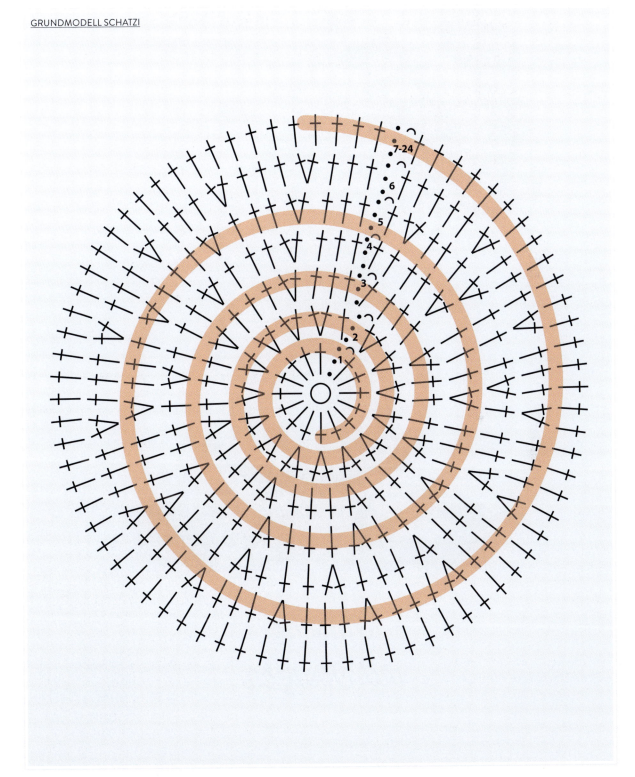

Anschi mit Kragen

Die obere Mitte dieser Mütze bildet eines meiner Lieblingsgrannys, das Granny Angelika aus meinem Buch „GrannyMania". Von diesem Zentrum aus wird die Mütze nach unten weitergehäkelt. Der Kragen ist perfekt auf diesen „trachtigen" Look abgestimmt.

COOLE BEANIES | ANSCHI MIT KRAGEN | SCHWIERIGKEITSGRAD: ***

MATERIAL
- Woll- oder Wollmischgarn (LL 85 m/50 g)
  Für die Mütze: in Grau, 100 g, sowie in Grün und Rot, je 50 g
  Für den Kragen: in Grau, 100 g, sowie in Grün und Rot, je 50 g
- Häkelnadel 4–5 mm
- Wollnadel
- 2 Trachtenknöpfe
- Nähnadel und Nähgarn, farblich passend

ANLEITUNG
MÜTZE / BLÜTE ANGELIKA
Siehe auch Häkelschrift auf Seite 118.
Mit einem magischen Fadenring in Dunkelgrau beginnen.
1. Runde: 3 Lm (für das 1. Stb), 15 hStb in den Ring, die Rd mit 1 Km in die oberste der 3 Anfangs-Lm schließen. Den Faden abschneiden und sichern.
In der nächsten Rd häkelst du 8 große Schlaufen mit jeweils 15 Lm.
2. Runde: * Mit 15 Lm 1 hStb übergehen, 1 fM ins nächste hStb; ab * noch 7 x wdh, die Rd mit 1 Km in die 1. fM schließen.
3. Runde: 3 Lm, [8 Stb, 2 Lm, 9 Stb] in die Schlaufe häkeln. 1 tief gestochenes (tg) Stb in die 1. Runde, genau dort, wo die fM der 2. Runde fixiert ist, * [9 Stb, 2 Lm, 9 Stb] in die nächste Schlaufe häkeln. 1 tief gestochenes (tg) Stb in die 1. Runde, genau dort, wo die fM der 2. Runde fixiert ist; ab * noch 6 x wdh, die Rd mit 1 Km in die oberste der 3 Anfangs-Lm schließen. Den dunkelgrauen Faden abschneiden und sichern. Den roten Faden rechts an der Basis des 1. Blütenblattes anschlingen.
4. Runde (Rot): * Je 1 fM in die ersten 9 Stb des Blütenblattes, [2 fM, 2 Lm, 2 fM] in den 2-Lm-Bogen an der Spitze des Blütenblattes, je 1 fM in die nächsten 9 Stb, * je 1 fM in die ersten 9 Stb des nächsten Blütenblattes, [2 fM, 2 Lm, 2 fM] in den 2-Lm-Bogen an der Spitze des Blütenblattes, je 1 fM in die nächsten 9 Stb; ab * noch 6 x wdh, die Rd in die 1. fM schließen.
Den grünen Faden abschneiden und sichern. Die nächste Rd ist ein bisschen knifflig, aber mit ein bisschen Übung leicht zu meistern. Schau dir einfach das Foto und die Häkelschrift genau an. Die Mühe des Ausprobierens und Übens lohnt sich!
5. Runde (Grau): Alle Blütenblätter um 180° in eine Richtung drehen (eventuell mit Stecknadeln fixieren), so dass man an der Spitze die Rückseite des Blütenblattes sieht. Den grauen Faden an der 1. fM in der Spitze eines Blütenblattes anschlingen, 3 Lm (für 1 Stb), [1 hStb, 3 fM, 1 hStb, 1 Stb] in die Blattspitze, 2 Lm, * [1 Stb, 1 hStb, 3 fM, 1 hStb, 1 Stb] in die Spitze des nächsten Blattes, 2 Lm; ab * noch 6 x wdh, die Rd mit 1 Km in die oberste der 3 Anfangs-Lm schließen.

MÜTZE / MÜTZENKOPF
6. Runde (Grau): 3 Lm (für das 1. Stb), je 1 Stb in jede M der Vorrd und jeweils 2 Stb in jeden 2-Lm-Bogen zwischen den Blüten, die Rd mit 1 Km in die oberste der 3 Anfangs-Lm schließen. Den grauen Faden hängen lassen und den grünen Faden an einem Stb der Vorrd anschlingen.
7. Runde (Grün): 3 Lm (für das 1. Stb), 2 Stb in dieselbe Einstichstelle an der Basis der 3 Lm, 2 Stb der Vorrd übergehen, * 3 Stb ins nächste Stb, 2 Stb übergehen; ab * fortlfd wdh bis Rd-Ende, die Rd mit 1 Km in die oberste der 3 Anfangs-Lm schließen.
Den grünen Faden abschneiden und sichern. Den grauen Faden zwischen 2 Stb-Fächern anschlingen.
8. Runde (Grau): 3 Lm (für das 1. Stb), jeweils 3 Stb zwischen die 3-Stb-Fächer der Vorrd häkeln bis Rd-Ende, die Rd mit 1 Km in die oberste der 3 Anfangs-Lm schließen.
9.–12. Runde: Die 8. Rd noch 4 x wdh, dabei die 9. Rd in Rot, die 10. Rd in Grau, die 11. Rd in Grün und die 12. Rd in Grau häkeln.
13.–16. Runde (Grau): 3 Lm (für das 1. Stb), 1 Stb in jedes Stb der Vorrd, die Rd mit 1 Km in die oberste der 3 Anfangs-Lm schließen.
17. Runde (Rot): Wie die 7. Rd häkeln.
18.–20. Runde: Wie die 8. Rd häkeln, dabei die 18. und 20. Rd in Grau und die 19. Rd in Grün arb.
21.–24. Runde (Grau): 3 Lm (für das 1. Stb), 1 Stb in jedes Stb der Vorrd, die Rd mit 1 Km in die oberste der 3 Anfangs-Lm schließen. Den Faden abschneiden und sichern. Die Fadenenden vernähen.

MÜTZE / ZOPF
Mit dem grauen Garn 40–50 Lm anschl.
1. Reihe: 3 Lm (für das 1. Stb), je 1 Stb in die 4. Lm von der Häkelnd aus und in jede folg Lm bis R-Ende. Den Faden abschneiden und sichern.

Weitere 2 Bänder genauso häkeln.
Die Bänder zum Zopf flechten. Den Zopf auf die Vorderkante der Mütze nähen. Jedes Ende des Zopfes mit 1 Trachtenknopf fixieren.

KAISERKRAGEN
72 Lm sehr locker anschl (evtl. nur für den Lm-Anschlag eine Häkelnd 6 mm verwenden) und mit 1 Km in die 1. Lm zum Ring schließen.
1. Runde: 3 Lm (für das 1. Stb), je 1 Stb in die 4. Lm von der Häkelnd aus und in jede folg Lm bis Rd-Ende, die Rd mit 1 Km in die oberste der 3 Anfangs-Lm schließen (= 72 M).
Nun in Reliefstäbchen (RStbv und RStbh; siehe Erklärung auf Seite 114) weiterhäkeln:
2. Runde: 3 Lm (für das 1. Stb), *1 RStbv um den Stiel des nächsten Stb der Vorrd, 1 RStbh um den Stiel des folg Stb; ab * fortlfd wdh bis Rd-Ende, die Rd mit 1 Km in die oberste der 3 Anfangs-Lm schließen.
Die 2. Rd beliebig oft wdh, bis der Kragen die gewünschte Höhe hat. (Mein Kragen ist bis hierher insgesamt 6 Rd hoch.)
Den grauen Faden nicht abschneiden, sondern hängen lassen.
Den grünen Faden an einer M der Vorrd anschlingen.
7. Runde (Grün): 3 Lm (für das 1. Stb), 1 Stb in jede M der Vorrd, die Rd mit 1 Km in die oberste der 3 Anfangs-Lm schließen.
Den grünen Faden abschneiden und sichern. Den grauen Faden wieder aufnehmen, zwischen 2 Stb der Vorrd anschlingen und damit die Streifen für die Zöpfe häkeln: * 15 Lm, je 1 Stb in die 3. Lm von der Häkelnd aus und in jede folg Lm, 1 fM in den übernächsten Zwischenraum zwischen 2 Stb; ab * noch 35 x wdh, die Rd mit 1 Km in die 1. fM schließen (= 36 Streifen für 12 Zöpfe). Den Faden abschneiden und sichern.
Jeweils 3 benachbarte Streifen miteinander zum Zopf verflechten und das Zopfende mit einer Stecknadel fixieren.
Den grünen Faden von der rechten Seite der Arbeit mit 1 fM am Lm-Bogen am Ende des rechten Streifen eines Zopfes anschlingen, weitere 2 fM in denselben Bogen häkeln, je 3 fM in die Enden der nächsten 2 Streifen desselben Zopfes (= 9 fM je Zopf), * 3 Lm, je 3 fM in die Enden der 3 Streifen des nächsten Zopfes; ab * fortlfd wdh bis zum letzten Zopf, 3 Lm, die Rd mit 1 Km in die 1. fM schließen.
Nächste Runde (Grün): 3 Lm (für das 1. Stb), je 1 Stb in jede fM der Vorrd und 3 Stb um jeden 3-Lm-Bogen der Vorrd, die Rd mit 1 Km in die oberste der 3 Anfangs-Lm schließen.
Den grünen Faden abschneiden und sichern. Den roten Faden an einem Stb der Vorrd anschlingen.
Nächste Runde: 3 Lm (für das 1. Stb), 2 Stb in dieselbe Einstichstelle an der Basis der 3 Lm, 2 Stb übergehen, * 3 Stb ins nächste Stb der Vorrd, 2 Stb übergehen; ab * fortlfd wdh bis Rd-Ende, die Rd mit 1 Km in die oberste der 3 Anfangs-Lm schließen.
Den roten Faden abschneiden und sichern. Den grauen Faden zwischen 2 Stb-Fächern der Vorrd anschlingen.
Letzte Runde: 3 Lm (für das 1. Stb), 2 Stb in dieselbe Einstichstelle an der Basis der 3 Lm, jeweils 3 Stb in jeden Zwischenraum zwischen 2 Stb-Fächern der Vorrd, die Rd mit 1 Km in die oberste der 3 Anfangs-Lm schließen.
Den Faden abschneiden und sichern. Die Fadenenden vernähen.

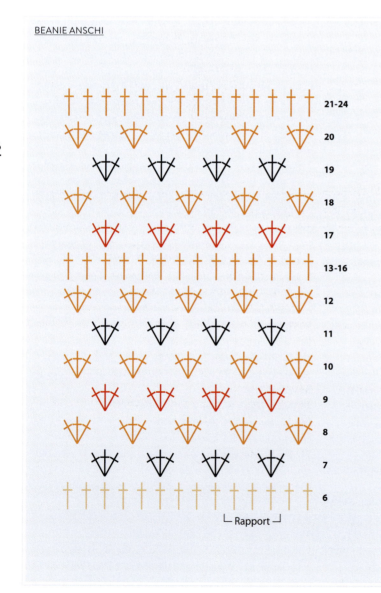

BEANIE ANSCHI

Gloria

Diese Variante der Beanie Sommertraum bekommt durch das schwarze Garn eine elegante Note.

COOLE BEANIES | GLORIA | SCHWIERIGKEITSGRAD: *

MATERIAL
- Baumwollgarn (LL 80 m/50 g) in Schwarz, 150 g
- Metallicgarn als Beilauffaden, schwarz glitzernd
- Häkelnadel 4–5 mm
- Wollnadel
- 1 Glitzerperle

ANLEITUNG
Die Abendbeanie aus schwarzem Baumwollgarn mit Glitzer-Beilauffaden nach der Anleitung für die Beanie Sommertraum (Seite 90) häkeln.

BLÜTEN
Beliebig viele Blüten in Schwarz nach der Anleitung für Blüte 1, 2 und 3 auf Seite 115 – 117 häkeln und auf die Mütze nähen.

QUASTE
Schwarzes Baumwoll- und Metallicgarn etwa 20 x um ein Stück festen Karton von ca. 7 cm Breite wickeln. Ein 20 cm langes Stück Baumwollgarn unter den Wicklungen durchziehen und die Fäden an der Oberkante des Kartons abbinden. Die Enden des Abbindefadens nicht abschneiden.
Das Fadenbündel vom Karton abnehmen und ca. 1 cm unterhalb der Abbindestelle mehrfach mit schwarzem Garn umwickeln. Die Enden des Wickelfadens verknoten und in der Quaste verstechen.
Die unteren Enden der Wicklungen mit einer scharfen Schere aufschneiden und die Quaste auf eine einheitliche Länge schneiden.
Die Glitzerperle auf den doppelten Abbindefaden am oberen Ende der Quaste auffädeln, die Fadenenden über der Quaste verknoten und die Quaste mit den Fadenenden an die Mütze nähen.

Winterzauber

Ein paar Häkelblüten machen aus dieser schlichten Beanie einen echten Blickfang. Die Kombination aus Schwarz und Dunkelrot wirkt edel, aber ich könnte mir das gleiche Modell auch in knalligen Tönen oder gar in Neonfarben vorstellen.

COOLE BEANIES | WINTERZAUBER | SCHWIERIGKEITSGRAD: **

MATERIAL
- Woll- oder Wollmischgarn (LL 240 m/150 g) in Schwarz und Dunkelrot, jeweils 150 g
- Häkelnadel 4–5 mm
- Wollnadel

ANLEITUNG
Mit einem magischen Fadenring in Dunkelrot beginnen und häkeln wie folgt (siehe auch Häkelschrift):
1. Runde: 3 Lm (für das 1. Stb), 15 Stb in den Fadenring, die Rd mit 1 Km in die oberste der 3 Anfangs-Lm schließen (= 16 M).
2. Runde: 3 Lm (für das 1. Stb), 1 Stb in die M an der Basis der 3 Anfangs-Lm, je 2 Lm in jede folg M der Vorrd, die Rd mit 1 Km in die oberste der 3 Anfangs-Lm schließen (= 32 M).
3. Runde: 3 Lm (für das 1. Stb), * je 1 Stb in die nächsten 3 M, 2 Stb in die folg M; ab * fortlfd wdh, enden mit je 1 Stb in die letzten 3 M, 1 Stb in die oberste der 3 Anfangs-Lm der Vorrd, die Rd mit 1 Km in die oberste der 3 Anfangs-Lm schließen (= 40 M).
4. Runde: 3 Lm (für das 1. Stb), * je 1 Stb in die nächsten 3 M, 2 Stb in die folg M; ab * fortlfd wdh, enden mit je 1 Stb in die letzten 3 M, 1 Stb in die oberste der 3 Anfangs-Lm der Vorrd, die Rd mit 1 Km in die oberste der 3 Anfangs-Lm schließen (= 50 M).
5. Runde: 3 Lm (für das 1. Stb), * je 1 Stb in die nächsten 3 M, 2 Stb in die folg M; ab * fortlfd wdh, enden mit 1 Stb in die letzte M, die Rd mit 1 Km in die oberste der 3 Anfangs-Lm schließen (= 62 M).
6. und 7. Runde: 3 Lm (für das 1. Stb), 1 Stb in jede M der Vorrd, die Rd mit 1 Km in die oberste der 3 Anfangs-Lm schließen. Den roten Faden abschneiden und sichern. Den schwarzen Faden anschlingen und damit die 6. Rd noch 10–11 x wdh. Den Faden abschneiden und sichern. Die Fadenenden vernähen. Mit schwarzem Garn eine Spirale aus fM von der oberen Mitte aus auf die Mütze aufhäkeln (siehe rosafarbene Linie in der Häkelschrift).

BLÜTEN
In Rot 3 Blüten 2 häkeln (siehe Seite 115 und Häkelschrift rechts) und auf die Mütze nähen.

BLÜTE

Wer sagt, dass Mützen nur etwas für Herbst- und Wintertage sind?
Mit dieser Sommerbeanie in Netzoptik aus kühlem
Baumwollgarn behältst du auch an heißen Tagen einen kühlen Kopf.

COOLE BEANIES | SOMMERTRAUM | SCHWIERIGKEITSGRAD: ✱✱

MATERIAL
- Baumwollgarn (LL 70–80 m/50 g) in Orange, 100 g, sowie in Hellgrün und Rot, je 50 g oder Reste
- Häkelnadel 4–5 mm
- Wollnadel

ANLEITUNG
Mit einem magischen Fadenring in Orange beginnen und häkeln wie folgt (siehe auch Häkelschrift):

1. Runde: 3 Lm (für das 1. Stb), 14 Stb in den Fadenring, die Rd mit 1 Km in die oberste der 3 Anfangs-Lm schließen (= 15 M).

2. Runde: 3 Lm (für das 1. Stb), 1 Stb in die M an der Basis der 3 Lm, 2 Stb in jedes folg Stb der Vorrd, die Rd mit 1 Km in die oberste der 3 Anfangs-Lm schließen (= 30 M).

3. Runde: 3 Lm (für das 1. Stb), * je 1 Stb in die nächsten 3 M, 2 Stb in die folg M; ab * fortlfd wdh, enden mit 1 Stb in die oberste der 3 Anfangs-Lm der Vorrd, die Rd mit 1 Km in die oberste der 3 Anfangs-Lm schließen (= 37 M).

4. Runde: 5 Lm (für das 1. Stb + 2 Lm), * 1 Stb ins nächste Stb, 1 Lm; ab * fortlfd wdh bis Rd-Ende, die Rd mit 1 Km in die 4. der 5 Anfangs-Lm schließen.

5. Runde: 5 Lm (für das 1. Stb + 2 Lm), * 1 Stb in den nächsten 1-Lm-Bogen der Vorrd, 1 Lm; ab * fortlfd wdh bis Rd-Ende, die Rd mit 1 Km in die 4. der 5 Anfangs-Lm schließen.

6.–22. Runde: Wie die 5. Rd häkeln.

23. Runde: 1 Lm, je 1 fM in jeden 1-Lm-Bogen und jedes Stb der Vorrd, dabei auf jede 3. fM 1 Picot arb (= 3 Lm, 1 Km in die 1. dieser 3 Lm), die Rd mit 1 Km in die Anfangs-Lm schließen.

Mit rotem Garn eine Spirale aus fM auf die 1.–4. Rd aufhäkeln (siehe Häkelschrift).

BLÜTEN
4–5 Blüten nach der Anleitung für Blüte 2 auf Seite 89 in Rot und Grün meliert häkeln und beliebig verteilt auf die Mütze nähen.

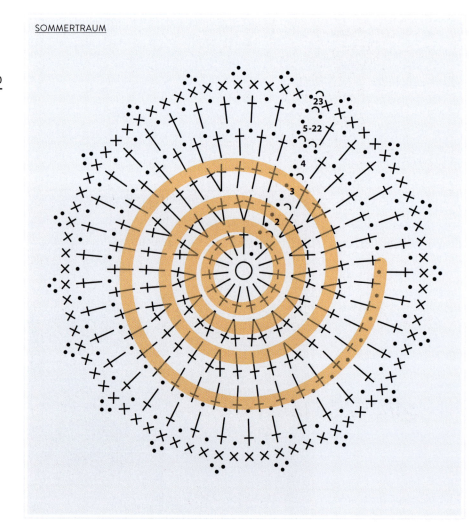

SOMMERTRAUM

Sommertraum

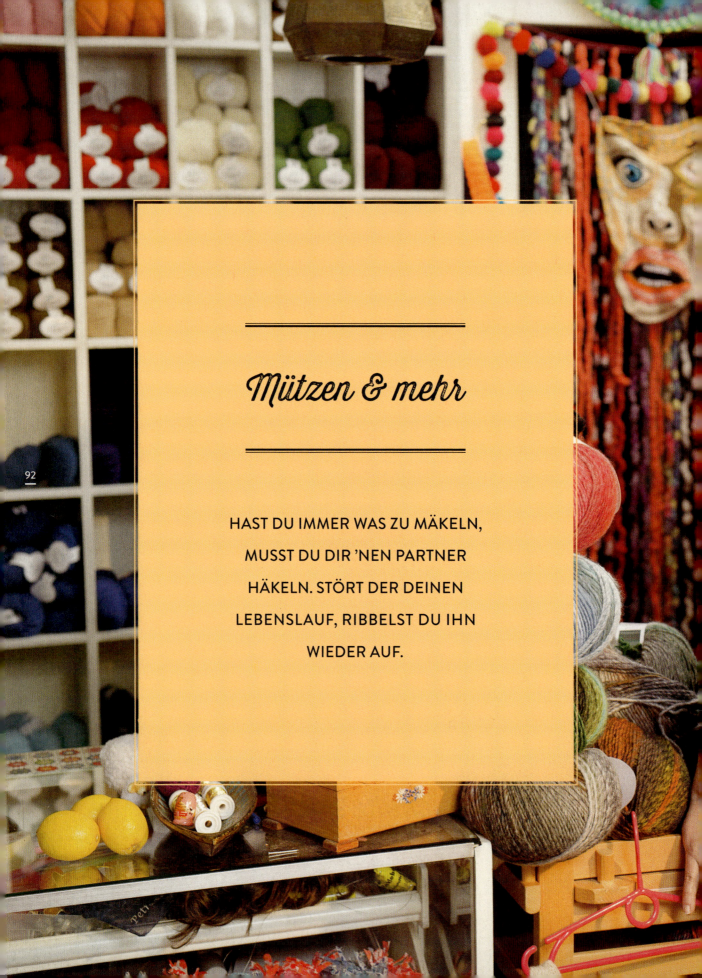

Mützen & mehr

HAST DU IMMER WAS ZU MÄKELN, MUSST DU DIR 'NEN PARTNER HÄKELN. STÖRT DER DEINEN LEBENSLAUF, RIBBELST DU IHN WIEDER AUF.

Mütze
Timetunnel

Diese außergewöhnliche Mütze kannst du einfarbig, aber auch fröhlich bunt arbeiten. Auch Trachtenwolle sieht sehr gut aus. Wenn du ein Baumwollgarn verwendest, wird eine Sommermütze daraus.

MÜTZEN & MEHR | MÜTZE TIMETUNNEL | SCHWIERIGKEITSGRAD: ✱✱

MATERIAL
- Woll- oder Wollmischgarn (LL 85 m/50 g) in Dunkelrot, Knallgrün, Mittelgrün, Petrol, Dunkelpetrol und Lindgrün
- Häkelnadel 4–5 mm
- Wollnadel

ANLEITUNG
TEIL 1: DAS NETZ (KNALLGRÜN)
1. Runde (Knallgrün): 24 Lm in Knallgrün anschl und mit 1 Km zum Ring schließen (siehe auch Häkelschrift auf Seite 96).
Tipp: Lass einen etwas längeren Anfangsfaden stehen, damit kannst du am Schluss das Netz mit ein paar Stichen am Kreis festnähen. Arbeite das Netz besonders fest (evtl. dünnere Häkelnd nehmen), das sieht schöner aus.
2. Runde (Knallgrün): 5 Lm (für das 1. Stb + 2 Lm), 1 Stb in die 3. Lm der Vorrd, 2 Lm, 1 Stb in die 6. Lm der Vorrd, auf diese Weise weiterhäkeln, bis du 12 Stb in regelmäßigem Abstand hast, mit 2 Lm enden, die Rd mit 1 Km in die oberste der 3 Anfangs-Lm schließen.
3. Runde (Knallgrün): 7 Lm (für das 1. Stb + 4 Lm), über jedes Stb der Vorrd 1 Stb, dazwischen jeweils 4 Lm häkeln, die Rd mit 1 Km in die oberste der 3 Anfangs-Lm schließen.

TEIL 2: DER KREIS (DUNKELROT)
Mit einem magischen Fadenring in Dunkelrot beginnen und häkeln wie folgt (siehe auch Häkelschrift auf Seite 96):
1. Runde (Dunkelrot): 3 Lm (für das 1. Stb), 14 Stb in den Fadenring, die Rd mit 1 Km in die oberste der 3 Anfangs-Lm schließen (= 15 M).
2. Runde (Dunkelrot): 3 Lm (für das 1. Stb), 1 Stb in die M an der Basis der 3 Lm, 2 Stb in jedes Stb der Vorrd, die Rd mit 1 Km in die oberste der 3 Anfangs-Lm schließen (= 30 M).
3. Runde (Dunkelrot): 3 Lm (für das 1. Stb), 1 Stb in die M an der Basis der 3 Lm, * je 1 Stb in die nächsten 2 Stb, 2 Stb ins folg Stb; ab * fortlfd wdh bis zu den letzten 2 M, enden mit je 1 Stb in die nächsten 2 Stb, die Rd mit 1 Km in die oberste der 3 Anfangs-Lm schließen (= 40 M).

NETZ UND KREIS VERBINDEN
In der nächsten Rd werden Netz und Kreis durch Stb verbunden. Ich wechsle hier die Fb, denn ich finde, das sieht spannender aus. Den dunkelroten Faden abschneiden und sichern. Das Netz auf den Kreis legen. Den Faden in Dunkelpetrol an der obersten Anfangs-Lm der Vorrd anschlingen und beide Teile zusammenhäkeln wie folgt:
4. Runde (Dunkelpetrol): 3 Lm (für das 1. Stb), 1 Stb in die M an der Basis der 3 Lm, 1 Stb ins nächste Stb, * 2 Stb ins nächste Stb, 1 Stb ins folg Stb; ab * fortlfd wdh bis Rd-Ende, die Rd mit 1 Km in die oberste der 3 Anfangs-Lm schließen (= 60 M).
5. Runde (Dunkelpetrol): 3 Lm (für das 1. Stb), 1 Stb in jedes Stb der Vorrd, die Rd mit 1 Km in die oberste der 3 Anfangs-Lm schließen.
(Wenn du eine Sommermütze aus dünnerem Baumwollgarn häkelst, arbeitest du nach der 5. Rd eine zusätzliche Rd Stb und nimmst dabei gleichmäßig verteilt 10 Stb zu. Damit umfasst die Rd 70 M, und das folg Muster geht genauso auf.)
Den Faden abschneiden und sichern. Den lindgrünen Faden an der obersten Anfangs-Lm der Vorrd anschlingen und in Reliefstäbchen (RStbv und RStbh, siehe Seite 114) weiterhäkeln wie folgt:
6. Runde (Lindgrün): 3 Lm (für das 1. Stb), * 1 RStbv um das nächste Stb, 1 RStbh um das folg Stb; ab * fortlfd wdh, enden mit 1 RStbv, die Rd mit 1 Km in die oberste der 3 Anfangs-Lm schließen.
7. und 8. Runde (Lindgrün): 3 Lm (für das 1. Stb), * 1 RStbv um das nächste RStbv, 1 RStbh um das folg RStbh; ab * fortlfd wdh, enden mit 1 RStbv um das letzte RStbv, die Rd mit 1 Km in die oberste der 3 Anfangs-Lm schließen.
Den lindgrünen Faden abschneiden und sichern. Den dunkelroten Faden an einem RStbv der Vorrd anschlingen.
9. Runde (Dunkelrot): * 3 Lm, 1 RStbh übergehen, 5 zus abgem DStb (= 1 Bm) in das nächste RStbv, 3 Lm, 1 RStbh übergehen, 1 fM in das nächste RStbv; ab * fortlfd wdh bis Rd-Ende, statt der letzten fM 1 Km in das RStbv an der Basis der 3 Anfangs-Lm arb. Den dunkelroten Faden abschneiden und sichern. Den petrolfarbenen Faden an einer fM zwischen 2 Bm anschlingen.
10. Runde (Petrol): 3 Lm (für das 1. Stb), 3 Stb in dieselbe Einstichstelle an der Basis der 3 Lm, jeweils 4 Stb in jede fM zwischen 2 Bm der Vorrd, die Rd mit 1 Km in die oberste der 3 Anfangs-Lm schließen.
Den petrolfarbenen Faden abschneiden und den knallgrünen Faden an der Km am Ende der Vorrd anschlingen.
11. Runde (Knallgrün): 4 Lm (für das 1. Stb + 1 Lm), * 1 Stb zwischen das 2. und 3. Stb des nächsten Fächers, 1 Lm; ab * fortlfd wdh bis Rd-Ende, die Rd mit 1 Km in die oberste der 3 Anfangs-Lm schließen.

In der 12. Rd werden die Rüschen in Wellenlinien auf die in der 11. Rd angelegten Stege gehäkelt. Schau auf die Häkelschrift, dann erklärt sich die Arbeitsweise und -richtung von selbst:

12. Runde (Knallgrün): 3 Lm (für die 1. Stb), 4 Stb um den Stiel des 1. Stb der Vorrd, 5 Stb um den Stiel jedes folg Stb bis Rd-Ende, die Rd mit 1 Km in den Rd-Beginn schließen.

Den grünen Faden abschneiden und sichern. Den Faden in Dunkelpetrol am 1-Lm-Bogen eines Rüschenstegs der 11. Rd anschlingen.

13. Runde (Dunkelpetrol): 3 Lm, 3 Stb in dieselbe Einstichstelle an der Basis der 3 Lm, je 4 Stb in den 1-Lm-Bogen jedes folg Rüschenstegs der 11. Rd, die Rd mit 1 Km in die oberste der 3 Anfangs-Lm schließen.

Den Faden abschneiden und sichern. Den grünen Faden an der Km am Ende der Vorrd anschlingen.

14. Runde (Grün): 3 Lm, 5 zus abgem DStb (= 1 Bm) zwischen das 2. und 3. Stb des nächsten 4-Stb-Fächers der Vorrd, 3 Lm, 1 fM zwischen die 2 Fächer, * 3 Lm, 1 Bm zwischen das 2. und 3. Stb des nächsten 4-Stb-Fächers, 3 Lm, 1 fM zwischen diesen und den nächsten Fächer; ab * fortlfd wdh, die Rd mit 1 Km in den Rd-Beginn schließen.

Den grünen Faden abschneiden und sichern. Den dunkelroten Faden an einer fM zwischen 2 Bm anschlingen.

15. Runde (Dunkelrot): 3 Lm (für das 1. Stb), 3 Stb in dieselbe Einstichstelle an der Basis der 3 Lm, jeweils 4 Stb in jede fM zwischen 2 Bm der Vorrd, die Rd mit 1 Km in die oberste der 3 Anfangs-Lm schließen.

Den dunkelroten Faden abschneiden und sichern. Den lindgrünen Faden an der Km am Ende der Vorrd anschlingen.

16. Runde (Lindgrün): 3 Lm (für das 1. Stb), 1 Stb in jedes Stb der Vorrd, die Rd mit 1 Km in die oberste der 3 Anfangs-Lm schließen.

Den lindgrünen Faden abschneiden und sichern. Den Faden in Dunkelpetrol mit 1 Km an der obersten Anfangs-Lm der Vorrd anschlingen.

17. Runde (Dunkelpetrol): 3 Lm (für das 1. Stb), *1 RStbv um das nächste Stb, 1 RStbh um das folg Stb; ab * fortlfd wdh, enden mit 1 RStbv in die letzte M der Rd, die Rd mit 1 Km in die oberste der 3 Anfangs-Lm schließen.

18.–20. Runde: Wie die 17. Rd arb, dabei die RStb jeweils um die RStb der Vorrd häkeln.

Du kannst die Mütze beliebig hoch häkeln. Ich habe vor der Abschlussrd 4 Rd RStb gehäkelt (= 17.–20. Rd). Auch die Fb kannst du ganz nach Lust und Laune wechseln. Wenn du weitere 10 Rd RStb häkelst, entsteht eine interessante Beanie. Mit einer Bonusrd kannst du deine Mütze besonders hübsch beenden:
Bonusrunde: 1 Lm, * je 1 fM in die nächsten 3 M, 3 Lm, 1 Km in die 1. dieser 3 Lm (= 1 Picot); ab * fortlfd wdh bis Rd-Ende, die Rd mit 1 Km in die 1. fM schließen.

Den Faden abschneiden und sichern. Die Fadenenden vernähen.

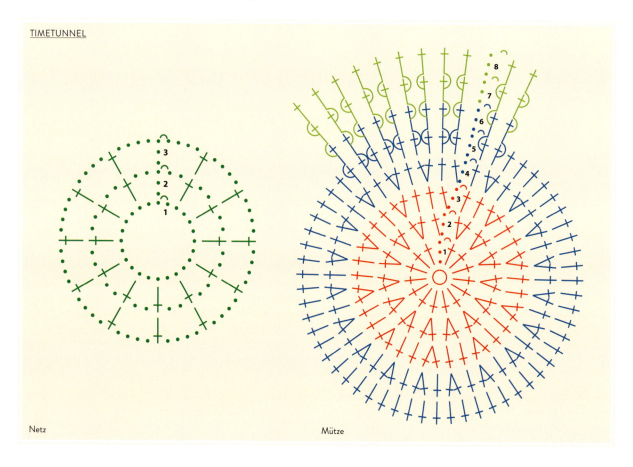

TIMETUNNEL

Netz Mütze

Stulpen Timetunnel

Diese Stulpen im Stil der Mütze Timetunnel eignen sich als Wadlstrümpfe, als Stulpen über Jeans und auch als Armstulpen.

MÜTZEN & MEHR | STULPEN TIMETUNNEL | SCHWIERIGKEITSGRAD: *

MATERIAL
- Woll- oder Wollmischgarn (LL 70 m/50 g) mit Farbverlauf, 150 g
- Häkelnadel 4–5 mm
- Wollnadel

ANLEITUNG
42 Lm anschl und mit 1 Km in die 1. Lm zum Ring schließen.

1. Runde: 3 Lm (für das 1. Stb), 1 Stb in jede Lm bis Rd-Ende, die Rd mit 1 Km in die oberste der 3 Anfangs-Lm schließen (= 42 M).

2. Runde (RStb-Rd): 3 Lm (für das 1. Stb), * 1 RStbv um das nächste Stb, 1 RStbh um das folg Stb; ab * fortlfd wdh, enden mit 1 RStbv in die letzte M der Rd, die Rd mit 1 Km in die oberste der 3 Anfangs-Lm schließen.

3.–7. Runde: Wie die 2. Rd arb, dabei die RStb jeweils um die RStb der Vorrd häkeln.

8.–15. Runde: Wie die 9.–16. Rd der Mütze Timetunnel arb (siehe Seite 94).

16.–21. Runde: Wie die 2.–7. Rd arb.

Abschlussrunde: 1 Lm, * je 1 fM in die nächsten 3 M, 3 Lm, 1 Km in die 1. dieser 3 Lm (= 1 Picot); ab * fortlfd wdh bis Rd-Ende, die Rd mit 1 Km in die 1. fM schließen.
Den Faden abschneiden und sichern. Die Fadenenden vernähen.

Die 2. Stulpe genauso arb.

Rüschenmütze Volant

Für diese Mütze habe ich nur zwei Garnfarben verwendet: Braun als Grundfarbe und ein Garn mit interessantem Farbverlauf für die aufgehäkelten Rüschen.

MÜTZEN & MEHR | RÜSCHENMÜTZE VOLANT | SCHWIERIGKEITSGRAD: ✳✳✳

MATERIAL
- Woll- oder Wollmischgarn (LL 70 m/50 g) in Braun, 100 g, und mit Farbverlauf (für die Rüschen), 50 g
- Häkelnadel 4–4,5 mm
- Wollnadel

ANLEITUNG
Mit einem magischen Fadenring in Braun beginnen und häkeln wie folgt (siehe auch Häkelschrift):

1. Runde: 3 Lm (für das 1. Stb), 14 Stb in den Fadenring, die Rd mit 1 Km in die oberste der 3 Anfangs-Lm schließen (= 15 M).

2. Runde: 4 Lm (für das 1. Stb + 1 Lm), *1 Stb ins nächste Stb, 1 Lm; ab * fortlfd wdh bis Rd-Ende, die Rd mit 1 Km in die 3. der 4 Anfangs-Lm schließen.

3. Runde: 3 Lm (für das 1. Stb), 2 Lm in den Lm-Bogen an der Basis der 3 Lm, jeweils 3 Stb in jeden folg 1-Lm-Bogen bis Rd-Ende, die Rd mit 1 Km in die oberste der 3 Anfangs-Lm schließen.

4. Runde: 4 Lm (für das 1. Stb + 1 Lm), 1 Stb der Vorrd übergehen, *1 Stb ins nächste Stb, mit 1 Lm 1 Stb der Vorrd übergehen; ab * fortlfd wdh bis Rd-Ende, die Rd mit 1 Km in die oberste der 3 Anfangs-Lm schließen.

5. Runde: Wie die 3. Rd häkeln (= 66 M).

6. Runde: Wie die 4. Rd häkeln.

7. Runde: 3 Lm (für das 1. Stb), 2 Stb in jeden 1-Lm-Bogen der Vorrd, die Rd mit 1 Km in die oberste der 3 Anfangs-Lm schließen (= 66 M).

8. und 10. Runde: Wie die 4. Rd häkeln.

9. und 11. Runde: Wie die 7. Rd häkeln.

12. Runde: 3 Lm (für das 1. Stb), 1 Stb in jedes Stb der Vorrd, die Rd mit 1 Km in die oberste der 3 Anfangs-Lm schließen.

13. Runde: 3 Lm (für das 1. Stb), *1 RStbv um das nächste Stb, 1 RStbh um das folg Stb; ab * fortlfd wdh, enden mit 1 RStbv, die Rd mit 1 Km in die oberste der 3 Anfangs-Lm schließen.

14.–16. Runde (oder bis zur gewünschten Bündchenhöhe):
Wie die 13. Rd arb, dabei die RStb jeweils um die RStb der Vorrd häkeln.

Du kannst die Mütze jetzt beenden oder noch eine Bonusrd mit Picots arb:

Bonusrunde: 1 fM in die oberste der 3 Anfangs-Lm der Vorrd, 1 fM ins nächste RStb, 3 Lm, 1 Km in die 1. dieser 3 Lm (= 1 Picot), * je 1 fM in die nächsten 2 RStb, 1 Picot; ab * fortlfd wdh bis Rd-Ende, die Rd mit 1 Km in die 1. fM schließen.

Den Faden abschneiden und sichern. Die Fadenenden vernähen.

Nun werden die Stb der durchbrochenen Rd (= 4., 6., 8. und 10. Rd) mit Rüschen behäkelt – im Wechsel bei einem Stb von oben nach unten und beim nächsten Stb von unten nach oben (siehe Häkelschrift). Du beginnst bei der 4. Rd und arbeitest dich von Rd zu Rd nach unten vor. Dabei kannst du den Faden nach jeder Rd vernähen und die nächste Rüschenrd mit einem frische Faden beginnen oder alle durchbrochenen Rd spiralförmig mit einem ununterbrochenen Faden behäkeln. Dann kommt auch der Fb-Verlauf des Garns besonders gut zur Geltung.

Rüschenrunde: 3 Lm (für das 1. Stb), 4 Stb um den Stiel des 1. Stb, 5 Stb um den Stiel jedes folg Stb bis Rd-Ende (im Wechsel von oben nach unten bzw. von unten nach oben), die Rd mit 1 Km in den Rd-Beginn schließen.

Den Faden abschneiden und sichern. Die Fadenenden vernähen.

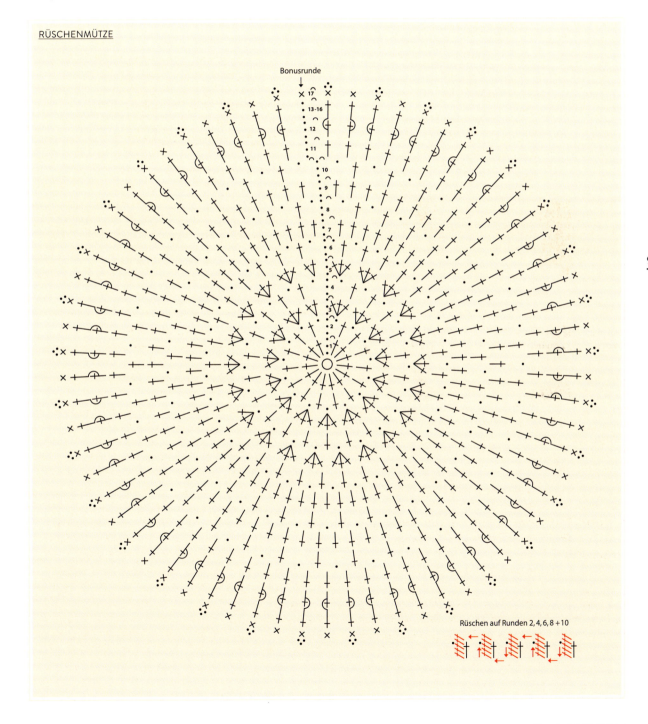

RÜSCHENMÜTZE

Rüschen auf Runden 2, 4, 6, 8 + 10

Die Kaleidoskoprüsche wirkt auch an Handstulpen sehr elegant.
Die Fächerrunden dafür werden in einer Kontrastfarbe gehäkelt.

MÜTZEN & MEHR | HANDSTULPEN KALEIDOSKOP | SCHWIERIGKEITSGRAD: ✷✷

MATERIAL
- Woll- oder Wollmischgarn (LL 70 m/50 g) in 1–3 Farben, insgesamt 150 g
- Häkelnadel 4–4,5 mm
- Wollnadel

ANLEITUNG
30 Lm in Fb A anschl und mit 1 Km in die 1. Lm zum Ring schließen.
1. Runde: 3 Lm (für das 1. Stb), 1 Stb in jede folg Lm bis Rd-Ende. Nun in Reliefstäbchen (siehe Seite 114) weiterhäkeln wie folgt:
2. Runde: 3 Lm (für das 1. Stb), *1 RStbv um das nächste Stb, 1 RStbh um das folg Stb; ab * fortlfd wdh, enden mit 1 RStbv, die Rd mit 1 Km in die oberste der 3 Anfangs-Lm schließen.
3.–13. Runde: Wie die 2. Rd häkeln, dabei jeweils 1 RStbv um 1 RStbv der Vorrd und 1 RStbh um 1 RStbh häkeln.
14. Runde (= 1. Rüschenrunde): 3 Lm (für das 1. Stb), [2 Stb, 2 Lm, 3 Stb] in die M an der Basis der 3 Anfangs-Lm arb, 3 RStb der Vorrd übergehen, 1 fM ins nächste RStb, * 3 Stb übergehen, [3 Stb, 2 Lm, 3 Stb] zwischen die nächsten 2 RStb, 3 RStb übergehen, 1 fM ins nächste RStb; ab * fortlfd wdh bis Rd-Ende, die Rd mit 1 Km in die oberste der 3 Anfangs-Lm schließen. Wenn der Rapport nicht genau aufgeht, musst du am Rd-Ende ein wenig tricksen.
15. Runde: Mit 3 Km zur Mitte des 1. Stb-Fächers vorrücken, 3 Lm (für das 1. Stb), [3 Stb, 2 Lm, 4 Stb] in den 2-Lm-Bogen in der Mitte des Fächers, * [4 Stb, 2 Lm, 4 Stb] in den 2-Lm-Bogen in der Mitte des nächsten Stb-Fächers; ab * fortlfd wdh bis Rd-Ende, die Rd mit 1 Km in die oberste der 3 Anfangs-Lm schließen.
16. Runde: Mit 4 Km zur Mitte des 1. Stb-Fächers vorrücken, 3 Lm (für das 1. Stb), [4 Stb, 2 Lm, 5 Stb] in den 2-Lm-Bogen in der Mitte des Fächers, * [5 Stb, 2 Lm, 5 Stb] in den 2-Lm-Bogen in der Mitte des nächsten Stb-Fächers; ab * fortlfd wdh bis Rd-Ende, die Rd mit 1 Km in die oberste der 3 Anfangs-Lm schließen.
17. Runde: Mit 5 Km zur Mitte des 1. Stb-Fächers vorrücken, 4 Lm (für das 1. DStb), [4 DStb, 2 Lm, 5 DStb] in den 2-Lm-Bogen in der Mitte des Fächers, 1 Lm, * [5 DStb, 2 Lm, 5 DStb] in den 2-Lm-Bogen in der Mitte des nächsten Stb-Fächers, 1 Lm; ab * fortlfd wdh bis Rd-Ende, die Rd mit 1 Km in die oberste der 4 Anfangs-Lm schließen.
18. Runde: 1 fM in jedes DStb der Vorrd und in jeden 1-Lm-Bogen zwischen den Fächern, [1 fM, 3 Lm, 1 Km in die 1. dieser 3 Lm (= 1 Picot), 1 fM] in jeden 2-Lm-Bogen an der Spitze der Fächer, die Rd mit 1 Km in die 1. fM schließen.
Den Faden abschneiden und sichern. Die Fadenenden vernähen.

Den Faden an der Oberkante der Stulpe anschlingen und 1 Rd fM mit Picots häkeln:
Picotrunde: * Je 1 fM in die nächsten 2 M, 1 Picot; ab * fortlfd wdh bis Rd-Ende, die Rd mit 1 Km in die 1. fM schließen.
Den Faden abschneiden und sichern. Die Fadenenden vernähen.

KALEIDOSKOPRÜSCHE

Handstulpen
Kaleidoskop

Mütze
Irokese

Wenn du diese Mütze so aufsetzt, dass die Rüsche in der Mitte von
der Stirn zum Hinterkopf verläuft, wirkt sie wie
ein Irokesenschnitt – daher der Name dieses Modells.

MÜTZEN & MEHR | MÜTZE IROKESE | SCHWIERIGKEITSGRAD: **

MATERIAL
- Woll- oder Wollmischgarn (LL 70–80 m/50 g) in Rostbraun, Hellblau, Weiß, Grün und Schwarz, je 50 g oder Reste
- Häkelnadel 4 mm
- Wollnadel

ANLEITUNG
Diese Mütze besteht aus 2 gleichen Halbkreisen. Die Arbeit beginnt mit 2 Runden und wird dann in Reihen fortgeführt. Nach den ersten 2 Rd in Rostbraun wechselt die Garnfb normalerweise nach jeder R. Der neue Faden wird jeweils am rechten Rand angeschlungen, so dass alle R als Hinr gehäkelt werden.
Mit einem magischen Fadenring beginnen und häkeln wie folgt (siehe auch Häkelschrift):

1. Runde (Rostbraun): 18 fM in den Fadenring, die Rd mit 1 Km in die 1. fM schließen.

2. Runde (Rostbraun): 3 Lm (für das 1. Stb), über den nächsten 2 fM 2 Stb zus abm, 5 Lm, über den nächsten 3 fM 3 Stb zus abm, 5 Lm; ab * noch 4 x wdh, die Rd mit 1 Km in die oberste der 3 Anfangs-Lm schließen (= 6 Blütenblätter).
Den blauen Faden in der Mitte eines 5-Lm-Bogen der 2. Rd anschlingen.

3. Reihe (Hellblau): 3 Lm (für das 1. Stb), 3 Stb in denselben Lm-Bogen, jeweils 6 Stb in die nächsten 3 Lm-Bogen, 4 Stb in den folg Lm-Bogen.
Den weißen Faden an der obersten der 3 Anfangs-Lm der Vorr anschlingen.

4. Reihe (Weiß): * 4 Lm, 1 Stb übergehen, 1 fM ins nächste Stb; ab * fortlfd wdh bis R-Ende.
Den weißen Faden neu am 1. Lm-Bogen am rechten Rand anschlingen.

5. Reihe (Weiß): 1 fM in den Lm-Bogen, * 4 Lm, 1 fM in den nächsten Lm-Bogen; ab * fortlfd wdh bis R-Ende.
Den grünen Faden am 1. Lm-Bogen am rechten Rand anschlingen.

6. Reihe: 3 Lm, 3 Stb in denselben Lm-Bogen, je 4 Stb in jeden folg Lm-Bogen bis R-Ende.
Den schwarzen Faden an der obersten Anfangs-Lm der Vorr anschlingen.

7. Reihe: 4 Lm (für 1 Stb + 1 Lm), 1 Stb in das 2. Stb der Vorr, mit 1 Lm das nächste Stb übergehen, * 1 Stb ins nächste Stb, das folg Stb mit 1 Lm übergehen; ab * fortlfd wdh, enden mit 1 Stb ins vorletzte Stb der Vorr.
Den weißen Faden am Anfangs-Lm-Bogen der Vorr anschlingen.

8. Reihe: 3 Lm (für das 1. Stb), 1 Stb in denselben Lm-Bogen, je 2 Stb in jeden folg Lm-Bogen bis R-Ende.
Alle Fadenenden vernähen.

Die 2. Hälfte der Mütze genauso arb.

Die beiden Halbkreise werden am Scheitel durch ein Gitter verbunden, das anschließend mit einer Rüsche behäkelt wird. Achte darauf, dass beide Halbkreise mit der rechten Seite der Arbeit nach außen liegen.
Den rostbraunen Faden mit 1 fM an einer Außenecke eines Halbkreises anschlingen, 6 Lm, je 1 Km in die ersten 3 Stb des anderen Halbkreises, 1 Lm, 1 Stb in die 2. Lm des Lm-Bogens zwischen den beiden Halbkreisen, 2 Lm, 1 Stb in die 3. folg Lm desselben Lm-Bogens, 1 Lm, je 1 Km ins 3., 4. und 5. Stb des 1. Halbkreises, * 1 Lm, 1 Stb ins nächste Stb des Gitters, 2 Lm, 1 Stb ins nächste Stb, 1 Lm, 1 Stb des 2. Halbkreises frei lassen, je 1 Km in die nächsten 3 Stb, 1 Lm, 1 Stb in das nächste Stb des Gitters, 2 Lm, 1 Stb in das nächste Stb des Gitters, 1 Lm, 1 Stb am Rand des 1. Halbkreises übergehen, je 1 Km in die nächsten 3 Stb; ab * fortlfd wdh bis zur anderen Ecke der beiden Halbkreise, mit 1 Km in den Rand des jeweiligen Halbkreises enden.

Petra Perles Tipps

Die Oberkante des Kragens kannst du zusätzlich mit Picots verzieren: Den Faden mit 1 Km anschlingen, 1 Lm, 1 fM in die 1. M, * 1 fM in die nächste M, 1 Picot (= 2 Lm, 1 Km in die 1. dieser beiden Lm,) 1 fM in die nächste M; ab * fortlfd wdh bis Rd-Ende, die Rd mit 1 Km schließen. Fertig!

Nun behäkelst du dieses Gitter so dicht mit Stäbchen, dass die Rüsche entsteht, dabei „mäanderst" du dich von einer Seite zur anderen:

Rüschenreihe: Den Faden am 1. Stb links unten anschlingen, 3 Lm (für das 1. Rüschen-Stb), weitere 4 Stb um den Stiel desselben Stb, 5 Stb um den 2-Lm-Bogen zwischen den beiden Stb-Säulen, 5 Stb um das 2. Stb der rechten Säule (das 1. Stb bleibt frei), * wieder zurück: 5 Stb um den nächsten 2-Lm-Bogen in der Mitte, 1 Stb der linken Stb-Säule übergehen, 5 Stb um das nächste Stb, 5 Stb um den 2-Lm-Bogen in der Mitte, 1 Stb der rechten Stb-Säule übergehen, 5 Stb um das nächste Stb; ab * fortlfd wdh bis zum Ende des Gitters. Den Faden abschneiden und sichern.

Nun braucht die Mütze noch einen Bund. Den kannst du entweder separat arbeiten und annähen oder direkt an die Unterkante der zusammengehäkelten Halbkreise anhäkeln. Das erfordert aber sehr viel Sorgfalt, damit das Ergebnis so gleichmäßig wie möglich gelingt, deshalb hier die Anleitung für den separat gearbeiteten Bund:

70–74 Lm in Schwarz anschl und mit 1 Km zum Ring schließen.

1. Runde: 3 Lm (für das 1. Stb), 1 Stb in jede folg Lm bis Rd-Ende. Nun in Reliefstäbchen (siehe Seite 114) weiterhäkeln wie folgt:

2. Runde: 3 Lm (für das 1. Stb), * 1 RStbv um das nächste Stb, 1 RStbh um das folg Stb; ab * fortlfd wdh, enden mit 1 RStbv, die Rd mit 1 Km in die oberste der 3 Anfangs-Lm schließen.

3.–5. Runde: Wie die 2. Rd häkeln, dabei jeweils 1 RStbv um 1 RStbv der Vorrd und 1 RStbh um 1 RStbh häkeln. Selbstverständlich kannst du den Bund nach Belieben verlängern. Den Faden abschneiden und sichern. Die Fadenenden vernähen.

Den fertigen Bund mit möglichst unsichtbaren Stichen an die Unterkante der Mütze nähen.

MÜTZE IROKESE

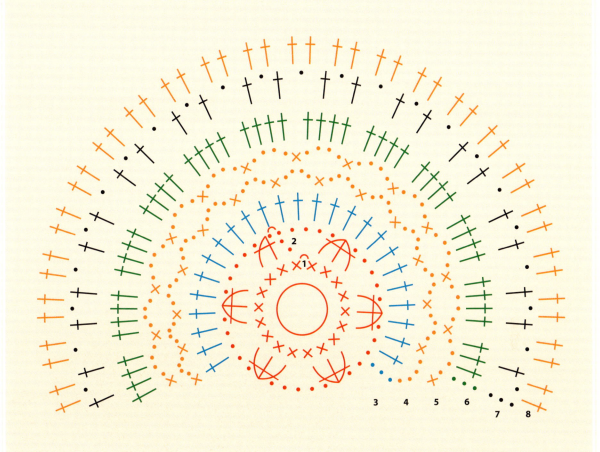

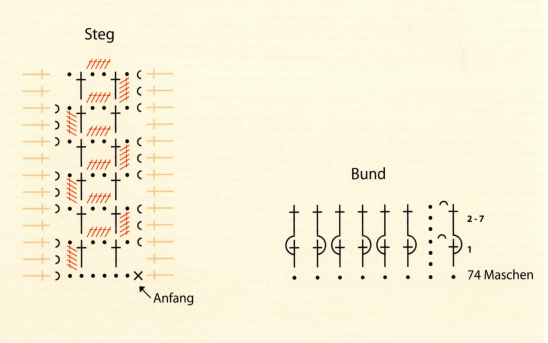

Diese Farbvariante der Mütze Irokese ist aus einem Wollmischgarn mit Farbverlauf (LL 240 m/150 g) gehäkelt: So entsteht der Farbeffekt ganz von selbst. Der passende Schluckaufloop mit Rüsche ist aus dem gleichen Garn gearbeitet.

MÜTZEN & MEHR | MÜTZE IROKESE MIT SCHLUCKAUFLOOP | SCHWIERIGKEITSGRAD: **

MATERIAL
- Woll- oder Wollmischgarn (LL 240 m/50 g) in Blau mit Farbverlauf, 150 g für die Mütze bzw. 300 g für den Kragen
- Häkelnadel 4–5 mm
- Wollnadel

ANLEITUNG
MÜTZE
Wie die Mütze Irokese häkeln (siehe Seite 103), jedoch ohne Fb-Wechsel.

SCHLUCKAUFLOOP
Für den Schluckauf brauchst du ein Rechteck von 40 cm x 60 cm (oder von 50 cm × 60 cm, wenn du den Schluckauf größer arbeiten willst).
50 M anschl.
1. Reihe (Hinr): 1 Rand-M, * 4 M re, 4 M li; ab * fortlfd wdh, mit 1 Rand-M enden.
2. Reihe (Rückr): 1 Rand-M, 1 M li, * 4 M re, 4 M li; ab * fortlfd wdh, enden mit 3 M li, 1 Rand-M.
3. Reihe: 1 Rand-M, 2 M re, * 4 M li, 4 M re; ab * fortlfd wdh, enden mit 2 M re, 1 Rand-M.
4. Reihe: 1 Rand-M, 3 M li, * 4 M re, 4 M li; ab * fortlfd wdh, enden mit 1 M li, 1 Rand-M.
5. Reihe (Hinr): 1 Rand-M, * 4 M li, 4 M re; ab * fortlfd wdh, mit 1 Rand-M enden.
6. Reihe (Rückr): 1 Rand-M, 1 M re, * 4 M li, 4 M re; ab * fortlfd wdh, enden mit 3 M re, 1 Rand-M.
7. Reihe: 1 Rand-M, 2 M li, * 4 M re, 4 M li; ab * fortlfd wdh, enden mit 2 M li, 1 Rand-M.
8. Reihe: 1 Rand-M, 3 M re, * 4 M li, 4 M re; ab * fortlfd wdh, enden mit 1 M re, 1 Rand-M.
Auf diese Weise weiterstr, dabei das Muster in jeder Hinr um 1 M nach links versetzen (und in der Rückr jeweils um 1 M nach rechts versetzen). Es entsteht ein diagonales Rippenmuster.
In dieser Einteilung weiterstr bis zu einer Höhe von 60 cm.
Das Rechteck falten und auf einer Länge von 15 cm zusammennähen, wie in den Grafiken auf Seite 10 gezeigt.
Dann die beiden Kanten mit der Rüsche behäkeln, dabei 1 x von der rechten Seite der Arbeit und 1 x von der linken Seite der Arbeit häkeln, damit bei beide Rüschen von rechts zu sehen sind, wenn der Loop umgeschlagen um den Hals liegt.

RÜSCHE
Den Faden an der Kante des Loops anschlingen.
1. Runde: 5 Lm (für das 1. hStb + 2 Lm), 1 hStb in die übernächste M des Looprandes, dann [3 Lm, 1 hStb] gleichmäßig verteilt um die gesamte Kante arb, an der Spitze [1 hStb, 4 Lm, 1 hStb] in 1 Einstichstelle häkeln, die Rd mit 1 Km in die 2. der 5 Anfangs-Lm schließen.
2. Runde: 6 Lm (für das 1. Stb + 2 Lm), 1 Stb ins nächste hStb der Vorrd, 3 Lm, *1 Stb in das nächste hStb der Vorrd, 3 Lm; ab * fortlfd wdh bis Rd-Ende, in den 4Lm-Bogen an der Spitze [1 Stb, 4 Lm, 1 Stb] arb, die Rd mit 1 Km in die oberste der 3 Anfangs-Lm schließen.
Nun in Schlangenlinien 5-Stb-Gruppen um die Stb und Lm-Bogen der beiden Vorrd arb (siehe Häkelschrift).

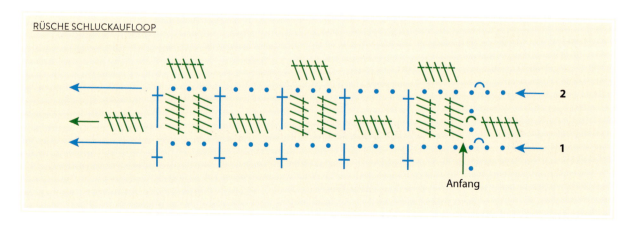

RÜSCHE SCHLUCKAUFLOOP

Anfang

Mütze Irokese mit Schluckaufloop

Kragen Angelika

Die Blüte Angelika aus meinem Buch „GrannyMania" lässt sich auch für einen Kragen abwandeln, der zur Baskenmütze von Seite 66 oder zur Beanie von Seite 84 passt.

MÜTZEN & MEHR | KRAGEN ANGELIKA | SCHWIERIGKEITSGRAD: ★★★

MATERIAL
- Woll- oder Wollmischgarn (LL 85 m/50 g), in Grau, 100 g, sowie in Lachs und Petrol, je 50 g
- Häkelnadel 4–5 mm
- Wollnadel

ANLEITUNG

76 Lm in Lachs anschl und mit 1 Km in die 1. Lm zum Ring schließen.
1. Runde: 3 Lm (für das 1. Stb), 1 Stb in jede folg Lm bis Rd-Ende, die Rd mit 1 Km in die oberste der 3 Anfangs-Lm schließen.
Nun in Reliefstäbchen (RStb; siehe Seite 114) weiterhäkeln:
2. Runde: 3 Lm (für das 1. Stb), *1 RStbv um das nächste Stb, 1 RStbh um das folg Stb; ab * fortlfd wdh, enden mit 1 RStbv, die Rd mit 1 Km in die oberste der 3 Anfangs-Lm schließen.
3. Runde: Wie die 2. Rd arb, dabei die RStb um die RStb der Vorrd häkeln.
Den lachsfarbenen Faden abschneiden und sichern. Den grauen Faden anschlingen und in RStb weiterhäkeln:
4.–8. Runde: Wie die 3. Rd häkeln.

9. Runde: 3 Lm (für das 1. Stb), 1 Stb in jedes RStb der Vorrd, dabei 1 x 2 Stb zus abm, die Rd mit 1 Km in die oberste der 3 Anfangs-Lm schließen (= 75 M).
Nun legst du 15 x einen großen Lm-Bogen aus 15 Lm an:
10. Runde: 1 Lm, 1 fM in die M an der Basis der Lm, *15 Lm, 2 Stb der Vorrd übergehen, je 1 fM in die nächsten 3 Stb; ab * fortlfd wdh, enden mit 2 fM, die Rd mit 1 Km in die 1. fM schließen.
11. Runde: 3 Lm (für das 1. Stb), [8 Stb, 2 Lm, 9 Stb] in den ersten 15-Lm-Bogen, 1 fM in die mittlere der 3 folg fM, * [9 Stb, 2 Lm, 9 Stb] in den nächsten 15-Lm-Bogen, 1 fM in die mittlere der 3 folg fM; ab * fortlfd wdh, die Rd mit 1 Km in die oberste der 3 Anfangs-Lm schließen (= 15 Blätter).
Den grauen Faden abschneiden und sichern. Den lachsfarbenen Faden mit 1 fM an der obersten Anfangs-Lm der Vorrd anschlingen.
12. Runde: Je 1 fM in die nächsten 8 Stb, [2 fM, 2 Lm, 2 fM] in den 2-Lm-Bogen an der Spitze des Blattes, je 1 fM in die nächsten 9 Stb, *je 1 fM in die nächsten 9 Stb, [2 fM, 2 Lm, 2 fM] in den 2-Lm-Bogen an der Spitze des Blattes, je 1 fM in die nächsten 9 Lm; ab * fortlfd wdh bis Rd-Ende, die Rd mit 1 Km in die 1. fM schließen.
Den lachsfarbenen Faden abschneiden und sichern. Nun alle Blätter einmal um 180 Grad drehen – alle in dieselbe Richtung!

– und mit fM behäkeln. Dazu den petrolfarbenen Faden mit 1 fM an der 4. fM vor dem 2-Lm-Bogen einer Blattspitze anschlingen.
13. Runde: Je 1 fM in die nächsten 3 fM, [2 fM, 2 Lm, 2 fM] in den 2-Lm-Bogen an der Spitze, je 1 fM in die nächsten 4 fM, * zum nächsten Blatt übergehen, je 1 fM in die 4. fM vor der Blattspitze und in die 3 folg fM, [2 fM, 2 Lm, 2 fM] in den 2-Lm-Bogen an der Spitze, je 1 fM in die folg 4 fM; ab * fortlfd wdh bis Rd-Ende, die Rd mit 1 Km in die 1. fM schließen. Den petrolfarbenen Faden hängen lassen. Den grauen Faden mit 1 fM an der 4. fM vor dem 2-Lm-Bogen einer Blattspitze anschlingen.
14. Runde: Wie die 13. Rd häkeln.
Den grauen Faden abschneiden und sichern. Den petrolfarbenen Faden wieder aufnehmen.
15. Runde: 1 Lm, je 1 fM in die 3. fM vor dem 2-Lm-Bogen der Blattspitze und in die nächsten 2 fM, [2 fM, 2 Lm, 2 fM] in den 2-Lm-Bogen an der Spitze, je 1 fM in die nächsten 3 fM, * zum nächsten Blatt übergehen, je 1 fM in die 3. fM vor der Blattspitze und in die 2 folg fM, [2 fM, 2 Lm, 2 fM] in den 2-Lm-Bogen an der Spitze, je 1 fM in die folg 3 fM; ab * fortlfd wdh bis Rd-Ende, die Rd mit 1 Km in die 1. fM schließen.
16. Runde: 1 Lm, * je 1 fM in die 3 fM vor dem 2-Lm-Bogen an der Blattspitze, [2 fM, 4 Lm, 1 Km in die 2. der 4 Lm (= 1 Picot), 1 Lm, 2 fM] in den 2-Lm-Bogen, je 1 fM in die nächsten 3 fM, zum nächsten Blatt übergehen; ab * fortlfd wdh bis Rd-Ende, die Rd mit 1 Km in die 1. fM schließen.
Den Faden abschneiden und sichern. Die Fadenenden vernähen.

Den Faden in der gewünschten Fb an der Oberkante des Kragens anschlingen und 1 Rd fM mit Picots häkeln:
Picotrunde: * Je 1 fM in die nächsten 2 M, 1 Picot; ab * fortlfd wdh bis Rd-Ende, die Rd mit 1 Km in die 1. fM schließen.
Den Faden abschneiden und sichern. Die Fadenenden vernähen.

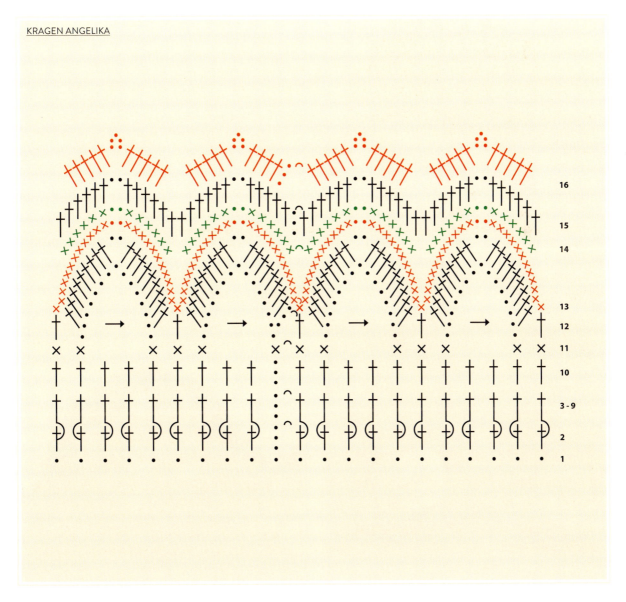

KRAGEN ANGELIKA

In manchen Familien bekommt das Geburtstagskind an seinem Festtag eine Krone aufgesetzt. Warum auf den Geburtstag warten? Mit dem Kronenstirnband fühlst du dich das ganze Jahr über königlich – und hast außerdem immer warme Ohren.

MÜTZEN & MEHR | STIRNBAND KRONE | SCHWIERIGKEITSGRAD: **

MATERIAL
- Woll- oder Wollmischgarn (LL 85 m/50 g), in Gelb, 50 g
- Metallicgarn, Rest
- Häkelnadel 4–5 mm
- Wollnadel
- 20 Perlmuttknöpfe
- Nähnadel und Nähgarn, farblich passend

ANLEITUNG

Je nach Kopfumfang 70 oder 80 Lm anschl und mit 1 Km in die 1. Lm zum Ring schließen. (Für Kinder 10 Lm weniger anschl. Die M-Zahl muss durch 10 teilbar sein.)

1. Runde: 3 Lm (für das 1. Stb), 1 Stb in jede Lm bis Rd-Ende, die Rd mit 1 Km in die oberste der 3 Anfangs-Lm schließen.
Nun in Reliefstäbchen (RStb; siehe Seite 114) weiterhäkeln:

2. Runde: 3 Lm (für das 1. Stb), * 1 RStbv um das nächste Stb, 1 RStbh um das folg Stb; ab * fortlfd wdh, enden mit 1 RStbv, die Rd mit 1 Km in die oberste der 3 Anfangs-Lm schließen.

3. Runde: Wie die 2. Rd arb, dabei die RStb um die RStb der Vorrd häkeln.
Die 3. Rd stets wdh bis zur gewünschten Höhe. Ich arbeite insgesamt etwa 10 Rd bis zum Beginn der Zacken.

Nächste Runde: * 4 RStb der Vorrd übergehen, in das nächste RStbv (also ein RStb, das nach außen hervortritt) [3 DStb, 1 Dreifach-Stb, 3 DStb], 4 RStb übergehen, 1 fM ins nächste RStbv; ab * fortlfd wdh bis Rd-Ende; die Rd mit 1 Km ins 1. DStb. Den Faden abschneiden und sichern.
Nun die so entstandenen Zacken mit Metallicgarn behäkeln. Weil diese Glitzergarne meistens ziemlich dünn sind, nimmst du den Faden am besten doppelt.

Nächste Runde: Den (doppelten) Metallicfaden an einer fM der Vorrd anschlingen und 1 fM in jede M der Vorrd häkeln, jedoch in jedes Dreifach-Stb an der Spitze einer Zacke [1 hStb, 1 Stb, 1 Lm, 1 Stb, 1 hStb] arb, die Rd mit 1 Km in die 1. fM schließen.
Den Faden abschneiden und sichern. Die Fadenenden vernähen.

Den (doppelten) Metallicfaden an einer Lm der Anschlagkette an der Unterkante des Stirnbands anschlingen und 1 fM in jede M bis Rd-Ende arb, die Rd mit Km in die 1. fM schließen. Den Faden abschneiden und sichern. Die Fadenenden vernähen.

Auf die Unterkante des Stirnbands gleichmäßig verteilt Perlmuttknöpfe (oder glitzernde Perlen) nähen.

Stirnband Krone

Extras

HÄKELN AM MORGEN
VERTREIBT KUMMER UND SORGEN.
HÄKELN AM ABEND –
ERQUICKEND UND LABEND.

Techniken

Dass du die Grundmaschen im Häkeln und Stricken beherrschst, setze ich einfach mal voraus. Aber vielleicht sind dir einige clevere Techniken noch neu, die ich deshalb hier erkläre. Außerdem stelle ich noch einmal gesammelt eine Reihe von Zierelementen vor, mit denen du deine Mützen und andere Accessoires im Handumdrehen aufpeppen kannst.

RELIEFSTÄBCHEN

Reliefstäbchen (RStb) werden um den Stiel der Masche in der Vorreihe oder -runde gehäkelt; es wird also nicht unter den Abmaschgliedern eingestochen wie sonst meist üblich. Sticht man von vorne nach hinten um die Masche herum und wieder nach vorne aus, tritt das Reliefstäbchen in den Vordergrund (= RStbv). Sticht man von hinten nach vorne um die Masche herum und wieder nach hinten, tritt das Reliefstäbchen in den Hintergrund (= RStbh). Durch den Wechsel beider Einstichrichtungen ergibt sich ein plastisches Rippenmuster.

PICOTS

Picots oder Mäusezähnchen sind kleine Zacken, die Kanten auf einfache Weise reizvoll verzieren. Normalerweise häkelt man für 1 Picot [3 Luftmaschen, 1 Kettmasche in die 1. dieser 3 Luftmaschen], wenn in der Anleitung zum jeweiligen Modell nichts anderes angegeben ist.

MAGISCHER FADENRING

Wenn man rundgehäkelte Modelle mit einem magischen Fadenring (engl.: magic ring) beginnt, vermeidet man ein Loch in der Mitte, wie es beim Beginn mit einem Luftmaschenring entstehen würde. Halte das Fadenende fest und wickle den Faden 1 x um den linken Zeigefinger, so dass sich eine Schlinge bildet. Die Schlinge hältst du mit Daumen und Mittelfinger der linken Hand fest, während der Faden vom Knäuel über den linken Zeigefinger läuft. Stich die Häkelnadel von unten in die Schlinge ein, hol den Faden durch und häkle eine Luftmasche. Dann kannst du nach Anleitung weitere Maschen in den Fadenring arbeiten. Nach einigen Runden ziehst du den Fadenring mit Hilfe des Anfangsfadens zusammen und vernähst dieses Fadenstück sauber auf der Rückseite der Arbeit.

Zierelemente

KLASSISCHE HÄKELBLÜTEN

BLÜTE 1

Mit einem magischen Fadenring beginnen und häkeln wie folgt (siehe auch Häkelschrift):

1. Runde: 10 fM in den Fadenring, die Rd mit 1 Km in die 1. fM schließen.

2. Runde: Mit 4 Lm 1 fM der Vorrd übergehen, 1 fM in die nächste fM, * mit 3 Lm 1 fM der Vorrd übergehen, 1 fM in die nächste fM; ab * noch 3 x wdh, statt der letzten fM 1 Km in die 1. der 4 Anfangs-Lm arb.

3. Runde: [1 fM, 6 Stb, 1 fM] in den 4-Lm-Bogen am Beginn der Vorrd und in jeden folg 3-Lm-Bogen, die Rd mit 1 Km in die 1. fM schließen.

Den Faden abschneiden und sichern. Die Fadenenden vernähen. Wenn du magst, kannst du in einer Kontrastfb 1 Rd Km um die Stiele der Stb an der Außenkante der Blüte häkeln.

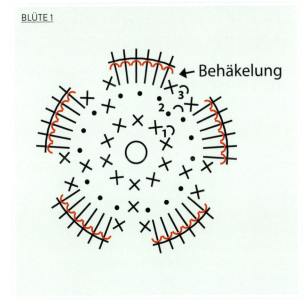

BLÜTE 1

BLÜTE 2

Mit einem magischen Fadenring beginnen und häkeln wie folgt (siehe auch Häkelschrift):

1. Runde: 10 fM in den Fadenring, die Rd mit 1 Km in die 1. fM schließen.

2. Runde: Mit 4 Lm 1 fM der Vorrd übergehen, 1 fM in die nächste fM, * mit 3 Lm 1 fM der Vorrd übergehen, 1 fM in die nächste fM; ab * noch 3 x wdh, statt der letzten fM 1 Km in die 1. der 4 Anfangs-Lm arb.

3. Runde: [1 fM, 6 Stb, 1 fM] in den 4-Lm-Bogen am Beginn der Vorrd und in jeden folg 3-Lm-Bogen, die Rd mit 1 Km in die 1. fM schließen.

In der folg Rd werden die Stege für die untere Lage Blütenblätter angelegt. Die Blüte umdrehen und auf der Rückseite arb wie folgt:

4. Runde: 1 fM zwischen die 2 fM vom Rd-Beginn und Rd-Ende der Vorrd, 5 Lm, *1 fM zwischen die nächsten 2 fM, 5 Lm;

ab * noch 3 x wdh, die Rd mit 1 Km in die 1. fM schließen. Die Blüte wieder umdrehen und in die Lm-Bogen der Vorrd häkeln wie folgt:

5. Runde: [1 fM, 6 Stb, 3 Lm, 1 Km in die 1. dieser 3 Lm (= 1 Picot), 5 Stb, 1 fM] in jeden 5-Lm-Bogen der Vorrd, die Rd mit 1 Km in die 1. fM schließen.

Den Faden abschneiden und sichern. Die Fadenenden vernähen. Noch raffinierter sieht diese Blüte aus, wenn du die Stb der Blütenblätter mit Km behäkelst – z.B. in einer Kontrastfb oder mit glitzerndem Metallicgarn.

↑ Behäkelung

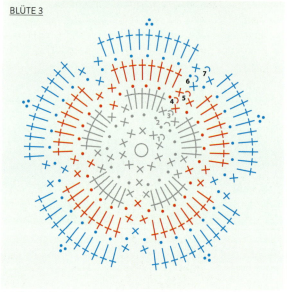

BLÜTE 3 (ROSENBLÜTE)

Mit einem magischen Fadenring in der gewünschten Fb beginnen und häkeln wie folgt (siehe auch Häkelschrift):

1. Runde: 10 fM in den Fadenring, die Rd mit 1 Km in die 1. fM schließen.

2. Runde: 4 Lm, 1 fM der Vorrd übergehen, *1 fM in die nächste M, 3 Lm, 1 fM der Vorrd übergehen; ab * noch 3 x wdh, die Rd mit 1 Km in die 1. Lm der Rd schließen.

3. Runde: [1 fM, 6 Stb, 1 fM] in jeden Lm-Bogen bis Rd-Ende, die Rd mit 1 Km in die 1. fM schließen

Nun Stege für die nächste Lage an Blütenblättern anlegen. Dazu die Blüte umdrehen und auf der Rückseite arb wie folgt:

4. Runde: 1 fM zwischen die letzte und die 1. fM der 3. Rd, * 5 Lm, 1 fM zwischen die nächsten 2 fM der 3. Rd;

ab * noch 4 x wdh, die letzte fM durch 1 Km in die 1. fM der Rd ersetzen.
Die Blüte wieder umdrehen und die 5. Rd von der rechten Seite der Arbeit aus häkeln.
5. Runde: [1 fM, 8 Stb, 1 fM] in jeden Lm-Bogen der 4. Rd, die Rd mit 1 Km in die 1. fM schließen.
In der folg Rd werden die Stege für die 3. Blattrunde angelegt. Nach Belieben die Garnfb wechseln; so könnte die unterste Lage z.B. in Grün gearbeitet werden wie bei den Rosen für das Modell Heckenrose (siehe Seite 36). Die Blüte umdrehen und von der linken Seite der Arbeit aus häkeln:
6. Runde: 1 fM zwischen die letzte und die 1. fM der 5. Rd, * 7 Lm, 1 fM zwischen die nächsten 2 fM der 5. Rd; ab * noch 4 x wdh, die letzte fM durch 1 Km in die 1. fM der Rd ersetzen.
Die Blüte wieder umdrehen und die Abschlussrd von der rechten Seite aus häkeln:
7. Runde: [1 fM, 6 Stb, 3 Lm, 1 Km in die 1. dieser 3 Lm (= 1 Picot), 5 Stb, 1 fM] in jeden der 5 Lm-Bogen bis Rd-Ende häkeln, die Rd mit 1 Km in die 1. fM der Rd schließen.
Den Faden abschneiden und sichern. Die Fadenenden vernähen.
Die Kanten der Blütenblätter kannst du nach Belieben noch mit Km in der Fb der Blütenblätter oder einer Kontrastfb behäkeln.

11 x [1 fM in die nächste M, 2 fM in die folg M], 60 x 1 fM in die nächste fM, 4 x [2 x 2 fM zus abm, 1 fM in jede folg fM bis zur Abn-Stelle] (= 8 M abgenommen), enden mit 1 Km in die nächste M. Den Faden abschneiden und sichern.
Weitere 4 Blütenblätter genauso arb.
Die Blätter zur Blüte zusammennähen. Die Fadenenden vernähen.

BLÜTENZENTRUM
Mit einem magischen Fadenring in Rot beginnen und häkeln wie folgt (siehe auch Häkelschrift):
1. Runde: 1 Lm, 10 fM in den Fadenring, die Rd mit 1 Km in die 1. fM schließen.
2. Runde: 1 Lm, 2 fM in jede M fM der Vorrd, die Rd mit 1 Km in die 1. fM schließen (= 20 M).
3. Runde: 1 Lm, 1 fM in die nächste M, 2 fM in die folg M; * je 1 fM in die nächsten 2 M, 2 fM in die folg M; ab * fortlfd wdh bis Rd-Ende, die Rd mit 1 Km in die 1. fM schließen.
Den Faden abschneiden und sichern. Die Fadenenden vernähen.
Den roten Kreis in die Mitte der Blüte nähen und die Blüte nach Belieben verzieren. Ich habe die weißen Blütenblätter mit etwas Rouge aus meinem Schminkkoffer koloriert. Du könntest dazu aber auch einen roten Buntstift verwenden. Alternativ kannst du die Blüte mit Perlen besticken oder einen dekorativen Knopf, eine Bommel oder eine Brosche in der Mitte befestigen.

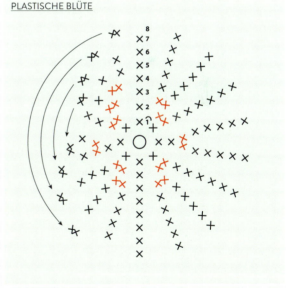

PLASTISCHE BLÜTE

PLASTISCHE BLÜTE
BLÜTENBLATT
Mit einem magischen Fadenring in Wollweiß beginnen und häkeln wie folgt (siehe auch Häkelschrift):
1. Runde: 1 Lm, 8 fM in den Fadenring häkeln, die Rd mit 1 Km in die 1. fM schließen (= 8 M).
Nun in Spiralrd weiterhäkeln (d.h., die Rd nicht schließen) wie folgt:

BLÜTE ANGELIKA
Mit einem magischen Fadenring beginnen.
1. Runde: 3 Lm (für das 1. Stb), 15 hStb in den Ring, die Rd mit 1 Km in die oberste der 3 Anfangs-Lm schließen. Den Faden abschneiden und sichern.
In der nächsten Rd häkelst du 8 große Schlaufen mit jeweils 15 Lm.

an der Spitze des Blütenblattes, je 1 fM in die nächsten 9 Stb; ab * noch 6 x wdh, die Rd mit 1 Km in die 1. fM schließen. Den Faden abschneiden und sichern. Die nächste Rd ist ein bisschen knifflig, aber mit ein bisschen Übung leicht zu meistern. Schau dir einfach das Foto und die Häkelschrift genau an. Die Mühe des Ausprobierens und Übens lohnt sich! Besonders effektvoll sieht die Blüte aus, wenn diese letzte Rd in einer weiteren Fb gearbeitet wird.

5. Runde: Alle Blütenblätter um 180° in eine Richtung drehen (eventuell mit Stecknadeln fixieren), so dass man an der Spitze die Rückseite des Blütenblattes sieht. Mit dem Faden in einer neuen Fb jeweils 6 fM in die aufsteigende Seite einer umgedrehten Spitze häkeln, 2 Lm als neue Spitze arb, wieder ansteigend 6 fM und zum nächsten Blütenblatt übergehen, das auch schon in dieselbe Richtung gedreht ist; so weiterhäkeln bis Rd-Ende, die Rd mit 1 Km in die 1. fM schließen. Den Faden abschneiden und sichern.

BLÜTE ANGELIKA

2. Runde: * Mit 15 Lm 1 hStb übergehen, 1 fM ins nächste hStb; ab * noch 7 x wdh, die Rd mit 1 Km in die 1. fM schließen.

3. Runde: 3 Lm, [8 Stb, 2 Lm, 9 Stb] in die Schlaufe häkeln. 1 tief gestochenes (tg) Stb in die 1. Runde, genau dort, wo die fM der 2. Runde fixiert ist, * [9 Stb, 2 Lm, 9 Stb] in die nächste Schlaufe häkeln. 1 tief gestochenes (tg) Stb in die 1. Runde, genau dort, wo die fM der 2. Runde fixiert ist; ab * noch 6 x wdh, die Rd mit 1 Km in die oberste der 3 Anfangs-Lm schließen. Den Faden abschneiden und sichern. Den Faden in einer 2. Fb rechts an der Basis des 1. Blütenblattes anschlingen.

4. Runde: * Je 1 fM in die ersten 9 Stb des Blütenblattes, [2 fM, 2 Lm, 2 fM] in den 2-Lm-Bogen an der Spitze des Blütenblattes, je 1 fM in die nächsten 9 Stb, * je 1 fM in die ersten 9 Stb des nächsten Blütenblattes, [2 fM, 2 Lm, 2 fM] in den 2-Lm-Bogen

EDELWEISS

Mit einem magischen Fadenring in Gelb beginnen und häkeln wie folgt (siehe auch Häkelschrift):

1. Runde (Gelb): * 3 Lm, 3 zus abgemaschte Stb in den Fadenring, 3 Lm, 1 fM in den Fadenring; ab * noch 5 x wdh. Den Faden abschneiden und sichern.
Zu Weiß wechseln.

2. Runde (Weiß): Den weißen Faden mit 1 fM an einer fM der 1. Rd anschlingen, * 6 Lm, 1 Km in die 2. Lm von der Häkelnd aus, 1 fM in die nächste Lm, 1 hStb in die nächste Lm, je 1 Stb in die nächsten 2 Lm, 1 fM in die nächste fM der 1. Rd; ab * fortlfd wdh, statt der letzten fM 1 Km in die 1. fM der Rd arb.

3. Runde (Weiß): Nun die Stege für die nächste Stb-Rd anlegen: * 4 Lm, 1 fM in die fM der Vorrd zwischen 2 Blütenblättern;

ab * noch 5 x wdh, die Rd mit 1 Km in die fM an der Basis der ersten 4 Lm schließen.

4. Runde (Weiß): 3 Lm, je 6 Stb in die nächsten fünf 4-Lm-Bogen (jeweils hinter dem Blütenblatt), 5 Stb in den letzten 4-Lm-Bogen, die Rd mit 1 Km in die oberste der 3 Anfangs-Lm schließen.

5. Runde: 1 Km in das 1. Stb der Rd, * 6 Lm, 1 Km in die 2. Lm von der Häkelnd aus, 1 Stb in die nächste Lm, 1 hStb in die nächste Lm, 2 Stb in die nächste Lm, 2 Stb der 4. Rd übergehen, 1 Km ins nächste Stb; ab * fortlfd wdh bis Rd-Ende.

Den Faden abschneiden und sichern. Die Fadenenden vernähen.

BLÜTENSTERN

EDELWEISS

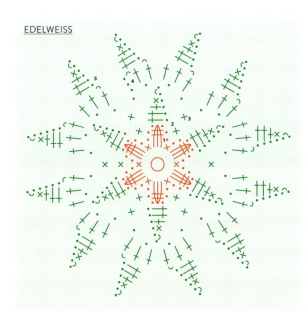

BLÜTENSTERN

Mit einem magischen Fadenring in Schwarz beginnen und häkeln wie folgt (siehe auch Häkelschrift):

1. Runde (Schwarz): 3 Lm (für das 1. Stb), 14 Stb in den Fadenring, die Rd mit 1 Km in die oberste der 3 Anfangs-Lm schließen (= 15 M).

Den schwarzen Faden abschneiden und sichern. Den weißen Faden an der obersten der 3 Anfangs-Lm der Vorrd anschlingen.

2. Runde (Weiß): 3 Lm (für das 1. Stb), 4 Stb um den Lm-Bogen an der Basis der 3 Anfangs-Lm, 1 Lm, * 5 Stb in den Zwischenraum zwischen dem 3. und 4. folg Stb der Vorrd, 1 Lm; ab * noch 3 x wdh, die Rd mit 1 Km in die oberste der 3 Anfangs-Lm schließen.

Den weißen Faden abschneiden und sichern. Den hellgrünen Faden mit 1 Km an der obersten der 3 Anfangs-Lm der Vorrd anschlingen.

3. Runde (Hellgrün): * 5 Lm, 3 zus abgem DStb in die folg 3 Stb, 5 Lm, 1 fM in das nächste Stb (= letztes Stb der ersten Stb-Gruppe), 1 fM um den 1-Lm-Bogen zwischen den Stb-Gruppen, * 1 fM ins folg Stb, 3 zus abgem DStb in die folg 3 Stb, 5 Lm, 1 fM um den 1-Lm-Bogen zwischen den Stb-Gruppen; ab * noch 3 x wdh, die Rd mit 1 Km in die 1. Km der Rd schließen.

Den hellgrünen Faden abschneiden und sichern. Den schwarzen Faden mit 1 Km an der Km am Ende der Vorrd anschlingen.

4. Runde: 5 fM um den 5-Lm-Bg der Vorrd, 3 Lm, 1 Km in die 1. dieser 3 Lm (= 1 Picot), 6 fM um den 5-Lm-Bogen der Vorrd, 1 fM in die fM zwischen den Blütenblättern, * 6 fM um den 5-Lm-Bogen, 1 Picot, 6 fM um den 5-Lm-Bogen, 1 fM in die fM zwischen den Blütenblättern; ab * noch 3 x wdh, die Rd mit 1 Km in die 1. Km der Rd schließen.

Den Faden abschneiden und sichern. Die Fadenenden vernähen.

STERNE

ab * noch 4 x wdh, bei der letzten Wiederholung die letzte fM durch 1 Km in die unterste der 6 Anfangs-Lm ersetzen, um die Rd zu schließen. Den Faden abschneiden und sichern.

STERN 1

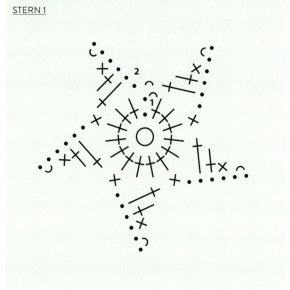

STERN 2

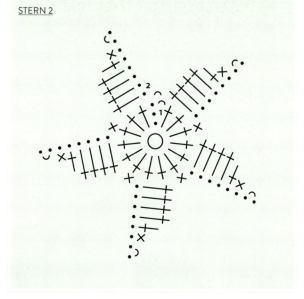

STERN 1

Mit einem magischen Fadenring beginnen und häkeln wie folgt (siehe auch Häkelschrift):

1. Runde: 2 Lm (für das 1. hStb), 14 hStb in den Fadenring häkeln, die Rd mit 1 Km in die obere der 2 Anfangs-Lm schließen. Nun die Strahlen des Sterns arb wie folgt:

2. Runde: 6 Lm, 1 Km in die 2. Lm von der Häkelnd aus, 1 fM in die nächste Lm, 1 hStb in die nächste Lm, 1 Stb in die nächste Lm, 2 Stb der 1. Rd übergehen, 1 fM ins nächste Stb der 1. Rd;

STERN 2

Mit einem magischen Fadenring beginnen und häkeln wie folgt (siehe auch Häkelschrift):

1. Runde: 3 Lm (für das 1. Stb), 14 Stb in den Fadenring, die Rd mit 1 Km in die oberste der 3 Anfangs-Lm schließen (= 15 M).

2. Runde: * 8 Lm, 1 Km in die 2. Lm von der Häkelnd aus, 1 fM in die nächste Lm, 1 hStb in die nächste Lm, je 1 Stb in die nächsten 4 Lm, 2 Stb der Vorrd übergehen, 1 fM ins nächste Stb;

ab * noch 4 x wdh, statt der letzten fM 1 Km in die M an der Basis der 8 Anfangs-Lm arb.
Den Faden bis auf 30 cm zum Annähen des Sterns abschneiden und sichern. Den Anfangsfaden in der Mitte des Sterns vernähen.

SCHLEIFEN

zu einem 2. Ring schließen: Du hast nun eine 8 aus lauter Lm gehäkelt.
Jeweils [4 fM, 1 hStb, 10 Stb, 1 hStb, 4 fM] in den 1. und 2. Ring häkeln. Für die Schleifenenden * 10 Lm arb, je 1 Stb in die 3. Lm von der Häkelnd aus und in die nächsten 2 Lm, 1 hStb in die nächste Lm, je 1 fM in die nächsten 4 Lm; ab * noch 1 x wdh, mit 1 Km in die untere Mitte der liegenden 8 enden (siehe Häkelschrift). Den Faden lang abschneiden und sichern. Die Schleifenmitte mit dem Fadenende umwickeln und das Fadenende auf der Rückseite der Schleife vernähen.

SCHLEIFE 1
10 Lm anschl.
1. Reihe: 3 Lm (für das 1. Stb), je 1 Stb in die 4. Lm von der Häkelnd aus und in jede folg Lm bis R-Ende.
2. Reihe: 3 Lm (für das 1. Stb), je 1 Stb ins 2. Stb und in jedes folg Stb bis R-Ende.
Die 2. R so oft wdh, bis der Streifen gut doppelt so lang ist, wie die Schleife werden soll.
Den Faden abschneiden und sichern. Die Fadenenden vernähen.
Einen 2. Streifen aus Stb über 6 Lm mit einer Länge von 6 cm für die Schleifenmitte häkeln.
Die Schmalseiten des breiten Streifens zusammennähen, so dass ein Ring entsteht.
Den Ring mit der Naht nach unten flach auf die Arbeitsfläche legen, mit dem schmalen Streifen in der Mitte zusammenfassen und den schmalen Streifen auf der Rückseite der Schleife zusammennähen.

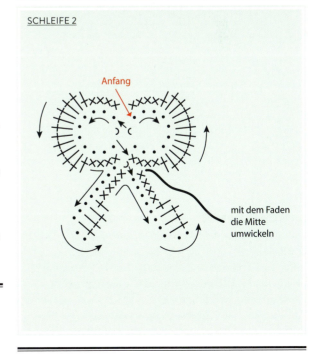

SCHLEIFE 2
10 Lm anschl und mit 1 Km in die 1. Lm zum Ring schließen, weitere 10 Lm häkeln und mit 1 Km in dieselbe Lm wie zuvor

HÄKELBORTEN

Evtl. den Faden abschneiden und sichern. Den Faden in einer 2. Fb mit 1 fM an einem 2-Lm-Bogen der Vorrd anschlingen.
2. Runde: 3 Lm, 1 fM in denselben Bogen, jeweils [1 fM, 3 Lm, 1 fM] in jeden folg 2-Lm-Bogen bis Rd-Ende, die Rd mit 1 Km in die 1. fM schließen.

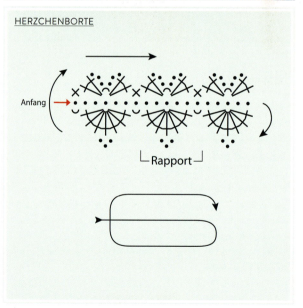

MUSCHELKANTE
Für die Häkelkante den Faden mit 1 fM an einer M der letzten Rd anschlingen und häkeln wie folgt (siehe auch Häkelschrift):
1. Runde: 2 M der Vorrd übergehen, {1 Stb, 4 x [2 Lm, 1 Stb]} in die nächste M, 2 M übergehen, * 1 fM in die folg M, 2 M der Vorrd übergehen, {1 Stb, 4 x [2 Lm, 1 Stb]} in die nächste M, 2 M übergehen; ab * fortlfd wdh, dabei falls nötig gegen Ende der Rd die Abstände so ausgleichen, dass die Rd nach der letzten Stb-Gruppe mit 1 Km in die 1. fM geschlossen werden kann.

HERZCHENBORTE
Mit rotem Garn eine durch 6 teilbare Zahl an Lm anschl.
1. Reihe: * 2 Lm übergehen, [4 Stb, 3 Lm, 1 Km in die 1. dieser 3 Lm (= 1 Picot), 3 Stb] in die nächste Lm, 2 Lm der Anschlagkette übergehen, 1 Km in die nächste Lm; ab * noch 13 x wdh. Die Arbeit drehen und über die andere Seite der Lm-Anschlagkette weiterhäkeln wie folgt:

2. Reihe: 1 fM in die 1. Lm, * 2 Lm übergehen, [2 Stb, 3 Lm, 1 Km, 3 Lm, 1 Stb] in die nächste Lm (= die Lm, in die auf der anderen Seite bereits eine Stb-Gruppe gehäkelt wurde), 2 Lm übergehen, 1 fM in die nächste Lm; ab * noch 13 x wdh.
Den Faden abschneiden und sichern. Die Fadenenden vernähen.

HÜBSCHE DETAILS

PLASTISCHES HERZ

Das Herz beginnt mit 2 Halbkugeln, die anschließend verbunden und zur Herzspitze hin verlängert werden.
Mit einem magischen Fadenring in Rot beginnen und häkeln wie folgt (siehe auch Häkelschrift):

1. Runde: 8 fM in den Fadenring, die Rd mit 1 Km in die 1. fM schließen.
2. Runde: * Je 1 fM in die nächste fM, 2 fM in die folg fM; ab * noch 3 x wdh, die Rd nicht schließen, sondern in Spiralrd weiterhäkeln (= 12 M).
3. und 4. Runde (Spiralrd): Jeweils 12 fM häkeln.
Den Faden abschneiden und sichern.
Eine 2. Halbkugel genauso häkeln, doch am Ende den Faden nicht abschneiden.
Beide Halbkugeln Kante an Kante halten und über 4 M hinweg mit fM zusammenhäkeln, dann fM in Spiralrd über die Außenkante beider Halbkugeln weiterarb. An der Verbindungsstelle beider Halbkugeln jeweils 2 fM zus abk: So nimmt die M-Zahl in jeder Rd um 2 ab, und die Herzspitze entsteht. Bevor sich die Spitze schließt, das Herz mit Garnresten oder Füllwatte fest ausstopfen, dann die letzten Rd bis zur Spitze häkeln.
Den Faden abschneiden und sichern. Die Fadenenden vernähen.

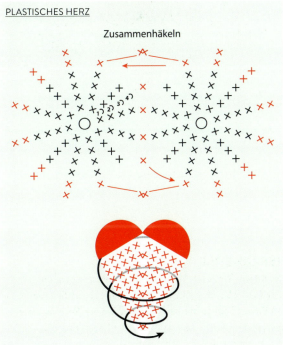

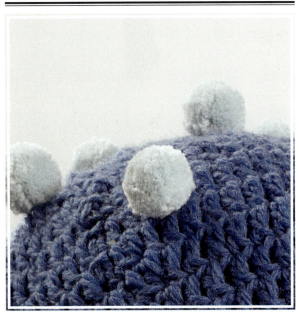

EXPRESS-BOMMELN

Bommeln (Pompons) kannst du natürlich auf die gute alte Methode mit zwei garnumwickelten Kartonringen oder einem Pompon-Set aus dem Handarbeitsgeschäft anfertigen. Wenn du mehrere Bommeln in einer Farbe brauchst, ist das ziemlich mühsam, deswegen habe ich für die Serienproduktion einen Trick: Wickle das gewählte Garn mindestens 20 x um zwei feste, schmale Stäbe im Abstand von etwa 40–50 cm – beispielsweise die Beine eines umgedrehten Stuhls. Dann bindest du diese

Wicklungen in regelmäßigen Abständen (in Bommelbreite) mit doppeltem Faden sehr fest ab. Mit einer sehr scharfen, nicht zu kleinen Schere schneidest du die Wicklungen zwischen den Abbindestellen durch, und schon hast du deine Bommeln, die du nur noch in Form drücken und eventuell mit der Schere etwas ausgleichen musst.

 Diese clevere Technik zeige ich auch in einem Video im Internet:
www.youtube.com/watch?v=ERx71xG-6Hc

Für die in diesem Buch abgebildeten Modelle habe ich folgende Garne der Firma ONline verwendet:

- **Linie 130 Champ**
  100 % Schurwolle; LL 70 m/50 g; Nadelstärke 5–6 mm
- **Linie 20 Cora**
  60 % Schurwolle (Merino), 40 % Polyacryl; LL 85 m/50 g; Nadelstärke 4–5 mm
- **Linie 359 Fano**
  53 % Schurwolle, 47 % Polyacryl; LL 240 m/150 g Nadelstärke 7–8 mm
- **Linie 157 Tessa**
  100 % Schurwolle; LL 85 m/50 g; Nadelstärke 4–5 mm

Selbstverständlich eignen sich auch andere Garne für die Mützen und Accessoires. Damit du nach der Anleitung häkeln oder stricken kannst, solltest du aber auf eine ähnliche Materialzusammensetzung und Lauflänge achten. Baumwollgarne haben beispielsweise bei gleicher Stärke eine wesentlich kürzere Lauflänge als die hier verwendeten Woll- oder Wollmischgarne. Ein Garn vergleichbarer Lauflänge ist daher deutlich dünner als ein Woll- oder Wollmischgarn. Bei den meisten Mützen und Kragen ist das aber kein Problem: Du häkelst oder strickst mit deinem Wunschgarn und der passenden Häkelnadel oder den entsprechenden Stricknadeln. Durch zusätzliche Runden lässt sich der Umfang der Mütze dann problemlos anpassen.

QUASTEN

Das gewünschte Garn etwa 20 x um ein Stück festen Karton von ca. 7 cm Breite wickeln. Ein 20 cm langes Stück Garn unter den Wicklungen durchziehen und die Fäden an der Oberkante des Kartons abbinden. Die Enden des Abbindefadens nicht abschneiden.
Das Fadenbündel vom Karton abnehmen und ca. 1 cm unterhalb der Abbindestelle mehrfach mit Garn umwickeln. Die Enden des Wickelfadens verknoten und in der Quaste verstechen. Die unteren Enden der Wicklungen mit einer scharfen Schere aufschneiden und die Quaste auf eine einheitliche Länge schneiden.
Wenn du magst, kannst du eine Glitzerperle auf den doppelten Abbindefaden am oberen Ende der Quaste auffädeln, die Fadenenden über der Quaste verknoten und die Quaste mit den Fadenenden an der gewünschten Stelle annähen.

Abkürzungen

abk	abketten
abm	abmaschen
Abn	Abnahme(n)
abn	abnehmen
anschl	anschlagen
arb	arbeiten
Bg	Bogen
Bm	Büschelmasche(n)
DStb	Doppelstäbchen
Fb	Farbe
fM	feste Masche(n)
folg	folgende(n)
fortlfd	fortlaufend
Häkelnd	Häkelnadel
Hinr	Hinreihe(n)
hMg	hintere(s) Maschenglied(er)
hStb	halbe(s) Stäbchen
Km	Kettmasche(n)
Knl	Knäuel
li	links, linke
Lm	Luftmasche(n)
M	Masche(n)
MA	Maschenanschlag
Mg	Maschenglied(er)
Nd	Nadel(n)
R	Reihe(n)
Rd	Runde(n)
re	rechts, rechte
restl	restliche(n)
RStbh	Reliefstäbchen hinten
RStbv	Reliefstäbchen vorne
Rückr	Rückreihe(n)
Schl	Schlinge(n)
Stb	Stäbchen
tg	tief gestochen
tg Stb	tief gestochenes Stäbchen
U	Umschlag/Umschläge
vMg	vordere(s) Maschenglied(er)
wdh	wiederholen
weiterarb	weiterarbeiten
zun	zunehmen
zus	zusammen
zus abgem	zusammen abgemascht(e)

Zeichenerklärung
zu den Häkelschriften

Über Petra Perle

Petra Perle ist eine glückliche Wollsüchtige mit eigenem Wollgeschäft im Herzen von München. Ganz gleich, wohin sie ihr Lebensweg führte, ob als gelernte Goldschmiedin, Schlagersängerin, Malerin, Autorin, Moderatorin oder Wirtin: Immer war ihr das Arbeiten mit Wolle ein großes Anliegen, und es begleitete sie seit Kindertagen. Aus dem geliebten Hobby auch noch einen Beruf zu machen, das gelang ihr aber erst mit 50 Jahren! Nun sitzt sie täglich von Wolle umgeben und erfindet und designt neue Modelle. „Neue Ideen liegen überall herum, man muss nur genau hinsehen, sein Auge dafür schulen und ÜBEN, ÜBEN, ÜBEN! Auch ich übe immer noch – und das zweite Übungsstück ist schon immer besser als das erste!", sagt Frau Perle zu ihren Schülern.

Ein halbes Jahr hab ich gestrickt,
fleißig gehäkelt und gestickt –
so an die hundert Mützen,
die mich vor Kälte schützen.

Fast an jedem dieser Tage
hörte ich dieselbe Frage:
„Sag, schläfst du eigentlich einmal?
Ganz sicher hast du Personal,
Helfer, die alles für dich machen,
all diese Strick- und Häkelsachen."

Drum bin ich heute ehrlich
und geb es endlich zu:
Ich stricke nicht alleine –
heut brech ich das Tabu!

Ich habe einen Helfer.
Ein wolliger Gesell
steht stets an meinem Fenster
und strickt so schön und schnell.
Ich sag ihm, was ich möchte,
und blitzschnell fängt er an,
denn er kennt alle Muster,
egal, wie filigran.

Er sagt, er kommt aus China.
Sein Name? „An Lei Tung."
Seine Eltern waren Schafe ...
Sie starben leider jung.

Ich hab den Kleinen adoptiert.
Aus lauter Dankbarkeit
macht er jetzt ohne Murren
für mich die Handarbeit!

Hier findest du wundervolle Wolle und vieles mehr ...

PETRA PERLES HOT WOLLÉE

Inhaberin: Petra Perle | Müllerstraße 50 | 80469 München | Tel.: 089-265852

Bibliografische Information der Deutschen Nationalbibliothek
Die Deutsche Nationalbibliothek verzeichnet diese Publikation in der Deutschen Nationalbibliografie; detaillierte bibliografische Daten sind im Internet über http://dnb.d-nb.de abrufbar.

Dieses Buch wurde vermittelt von der Literaturagentur
erzähl:perspektive, München (www.erzaehlperspektive.de).

© 2016 Knaur Verlag
Ein Imprint der Verlagsgruppe Droemer Knaur GmbH & Co. KG, München
Alle Rechte vorbehalten.

Das Werk einschließlich aller seiner Teile ist urheberrechtlich geschützt. Jede Verwertung außerhalb des Urhebergesetzes ist ohne Zustimmung des Verlages unzulässig und strafbar. Das gilt insbesondere für Vervielfältigungen, Übersetzungen, Mikroverfilmungen und die Einspeicherung und Verarbeitung in elektronischen Systemen.
Es ist deshalb nicht gestattet, Abbildungen dieses Buches zu scannen, in PCs oder auf CDs zu speichern oder in Computern zu verändern oder einzeln oder zusammen mit anderen Bildvorlagen zu manipulieren, es sei denn mit schriftlicher Genehmigung des Verlages.
Bei der Anwendung in Beratungsgesprächen, im Unterricht und in Kursen ist auf dieses Buch hinzuweisen.
Jede gewerbliche Nutzung der Arbeiten und Entwürfe ist nur mit Genehmigung von Verfasserin und Verlag gestattet.

WICHTIGER HINWEIS
Die im Buch veröffentlichten Ratschläge wurden von Verfasserin und Verlag mit größter Sorgfalt erarbeitet und geprüft. Eine Garantie kann jedoch nicht übernommen werden. Ebenso ist eine Haftung der Verfasserin bzw. des Verlages und seiner Beauftragten für Personen-, Sach- oder Vermögensschäden ausgeschlossen.

BILDNACHWEIS:
Fotos: Maximilian Gall
Häkelschriften: Katja Schwichtenberg, Hamburg

DEUTSCHE AUSGABE:
Projektleitung: Franz Leipold
Redaktion: Helene Weinold, Violau
Bildredaktion: Markus Röleke
Layout und Satz: Alexander Flohr
Umschlaggestaltung: griesbeckdesign, München
Reproduktion: Repro Ludwig, Zell am See
Druck und Bindung: Firmengruppe APPL, aprinta druck, Wemding

Printed in Germany
ISBN 978-3-426-64657-1

2 4 5 3 1

Bitte besuchen Sie uns auch im Internet unter der Adresse:
www.droemer-knaur.de